JN116454

公共経営序論

大阪公立大学商学部公共経営学科編

あるむ

Introduction to Public Management

Department of Public Management ed.
School of Business
Osaka Metropolitan University

Arm, Nagoya

2023

目　次

第1部　都市・地域の発展とまちづくり

第2部　産業立地の変化と地域

第3部　企業と地域

第4部　地域を活かすマーケティング

第5部　公共経営と会計情報

序　章
公共経営と公共経営学科

本多哲夫

　大阪公立大学商学部の公共経営学科は、旧大阪市立大学において 2018 年 4 月に新設された学科であり、2022 年 4 月に大阪公立大学に引き継がれた。旧大阪市立大学創設以来、商学部は長らく商学科のみの 1 学科体制であったが、2 学科体制という新たな形態となった。本章では、公共経営学科がどのような学科であるのか、そもそもこの学科で言う公共経営とは何を意味するのかについて解説する。

I　公共経営とは

　公共経営とは何であろうか。日本では公共経営に関する書籍が 2000 年頃から出版されている。これらの書籍における公共経営の定義や概念をレビューするなかで、公共経営とはどういうものなのかを考えてみたい。

　公共経営をテーマとした最初期の書籍として、大住荘四郎『ニュー・パブリック・マネジメント』（1999 年）が挙げられる。この本では、「公共経営」を「行政管理」に対置する概念として捉えている。行政運営を行う際の発想や手法において、管理者（Administrator）から経営者（Manager）へ、官僚制（Bureaucracy）から市場メカニズムの適用（Market-type mechanism）へと重点をシフトさせたモデルを「パブリック・マネジメント（公共経営）」と位置付けている。そして、英国やニュージーランドなどで実施された公的組織の民営化や行政への新たな業績評価の導入など、市場メカニズムや効率性をより重視する改革モデ

ルを「ニュー・パブリック・マネジメント（NPM）」と呼んでいる。つまり、公共経営の中でも、より先鋭的なものを NPM であると捉えている。

　この大住の書籍では、1970 ～ 1980 年代頃から欧米で導入され始めた NPM について紹介する内容となっており、「行政」の運営モデルとして公共経営を位置付けている。なお、大住はこの 3 年後に『パブリック・マネジメント』（2002 年）を出版したが、これは NPM についてさらに体系的・理論的にまとめた続編的なものであり、あくまで主眼は行政のマネジメント手法に置いている。この大住の公共経営と同様の捉え方をしている当時の書籍としては、トニー・ボベール＆エルク・ラフラー編『公共経営入門』（2008 年、原著は 2003 年に出版）も挙げることができる。

　大住と並んでこの時期から公共経営をテーマとした書籍を出版したのは宮脇淳である。宮脇淳『「公共経営」の創造』（1999 年）や宮脇淳『公共経営論』（2003 年）は、大住と同様に 2000 年前後に出版された、公共経営に関する初期の書籍といえる。とくに、書名に「公共経営」という名前を冠したものとしては、宮脇の書籍は最初期に出版された本である。2003 年出版の『公共経営論』では、公共経営について次のように述べている。「民間企業を対象として発展してきた経営の視点を国や地方自治体等公共部門の組織及びそこで展開される官僚行動メカニズムに積極的に取り込む考え方が『公共経営』である」（9 ページ）。このように、宮脇は大住と同じく、公共経営と言う場合に「行政」を念頭に置いている。しかし、宮脇は次のような独自の捉え方をしている。「本書の公共経営の概念は、行政組織を対象とした『行政経営』（administrative management）の領域と地域の公共サービス提供に関する役割分担や資源配分等を考察する「地域公共経営」（regional public management）の領域から形成される」（11 ページ）。宮脇は「地域」という視点を重視し、これをベースに民間とのパートナーシップによって公共サービスの提供に関する役割分担を考えていかなければならないとする。宮脇は、このように、行政のマネジメントに限定せず、地域や民間主体という、さらに広い観点から公共を捉えようとしている。

　松行康夫・松行彬子『公共経営学』（2004 年）も公共経営をテーマとした

書籍としては、大住、宮脇に次いで初期に出版されたものである。この書籍では、「公共経営という場合、『公共』とは、原義として、広く公衆一般のことを指している」（まえがき ⅲ ページ）と述べている。政府や行政のマネジメントに限定せずに公共経営を捉えており、宮脇に見られた広い観点から公共経営を位置付けようとする姿勢が強まっている。それは同書の次の指摘にも示されている。「公共の管理は行政サービスに限定されるのではなく、市民セクターが提供する社会サービスを含めて、広い範囲で捉え直す必要がある。そこでは、これまでの公共管理（public control）に変わる、新しい公共経営（public management）の認識が必要になる」（7 ページ）。この書籍では、こうした認識から、行政や政府だけでなく、NPO や市民について積極的に論じるという内容となっている。

　2010 年以降に出版された書籍をレビューすると、この 2 つの潮流、すなわち、「行政のマネジメント」として公共経営を捉えているものと、さらに広い視点から民間も含めて「公共性のあるマネジメント」として公共経営を捉えているものに大きく分けることができる。

　前者（行政のマネジメント）に重きを置いた書籍としては、田尾雅夫『公共経営論』（2010 年）、田尾雅夫『公共マネジメント』（2015 年）、外山公美ほか『日本の公共経営』（2014 年）が挙げられる。

　後者（公共性のあるマネジメント）に重きを置く書籍としては、枩永佳甫編『公共経営学入門』（2015 年）、樽見弘紀・服部篤子編『新・公共経営論』（2020 年）があり、これらの書籍では NPO や市民という視点のみならず、営利企業の行動や役割についての記述が比較的多いという特徴がある。

　以上のように、公共経営に関するこれまでの書籍をレビューすると、次の 2 つのことが指摘できる。第 1 に、公共経営（パブリック・マネジメント）という言葉には従来型の官僚主義的な行政管理に対置する概念として登場してきたという歴史がある。第 2 に、公共経営を冠した書籍が出版され始めた頃からそうであったように、公共経営とは行政のみを対象とする手法や考え方ではなく、企業等の民間主体も含めて幅広く公共性を捉えていくという観点があり、その意味で公共経営には多様な定義や概念がある。

II 公共経営学科のコンセプトと設立経緯

1）公共経営学科のコンセプト

　それでは、大阪公立大学商学部公共経営学科（以下、公共経営学科）でいう「公共経営」とは何なのであろうか。公共経営学科では、公共経営を次のようなコンセプトで捉えている。

　公共経営は、前節の書籍レビューで見たとおり、大きく2つの捉え方に分けることができる。第1に「公共部門（主に行政機関）のマネジメント」、第2に「公共性のあるマネジメント」である。前者を狭義の公共経営、後者を広義の公共経営というとすれば、公共経営学科では後者の広義の捉え方をしている。すなわち、行政機関や公的機関に研究対象を限定するのではなく、営利を目的とした民間企業を含めた多様な組織を研究対象としているのである。

　例えば、営利目的の企業といえども、CSR（企業の社会的責任）やSDGs（持続可能な開発目標）のための活動を積極的に行っている。こうした言葉を用いない場合でも、慈善活動の範疇を超えて、日常的なマネジメントやビジネスのレベルで公共性を意識した活動を企業は行っている。民間企業は、社会的問題・社会的責任とは無関係に存在することはできず、公共性のあるマネジメントを行わざるをえない。これは、企業が社会の公器であるといわれる所以でもある。こうした公共性とマネジメントの結びつきに着目するのが、公共経営学科における公共経営の研究である。公共経営学科では商学部の伝統にもとづいて、「企業」や「産業」という観点から公共性のあるマネジメントを考えていくという姿勢が強いことが特徴である。その意味では、公共経営学科での公共経営へのアプローチは、前節のレビューで見たように、公共経営の新たな潮流に沿ったものであるが、「ビジネス」という観点を

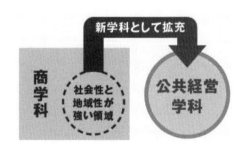

図序-1　公共経営学科のコンセプト
出所）大阪公立大学商学部パンフレット『学部案内』

重視している点では、独自の切り口といえる。

　また、公共経営学科では、「公共性」という場合に、「社会性」と「地域性」の２つの点を重視している。社会性という観点から、世界レベル、一国レベルの問題とそれに関する企業の行動や戦略といったテーマを扱う。と同時に、地域性という観点から、地域レベルでの問題と活動についての研究も重視する。例えば、中小企業、地域経済、地域社会、コミュニティ、地域ブランド、産業集積などのトピックを扱う。

　こうした公共経営学科のコンセプトは、本学商学部の歴史が深く関わっている。本学商学部の源流である旧大阪商科大学の時代には「市政科」という全国的に見ても珍しい独自の学科が設置されていた。こうした背景から、商学部では社会性や地域性を意識した研究分野が伝統的に受け継がれており、ここに商学部独自の強みが形成されていた。本学商学部の 2022 年度のパンフレットに掲載している公共経営学科のコンセプト（図序-1）にも示されているとおり、公共経営学科を設立したことには、商学部が伝統的に強みとしてきた分野を「見える化」するという意味合いがある。したがって、本学商学部にとって、まったく新しいことをやり始めたのではない。商学部がこれまで行ってきたことを「公共経営」という概念で括って学科という形にしたというのが、この公共経営学科なのである。

２）公共経営学科の設立経緯

　では、なぜ、2018 年に公共経営学科を設立することになったのだろうか。これには、大阪市立大学（以下、市大）と大阪府立大学（以下、府大）の統合の議論が関わっている。

　商学部において新学科設立のプランが作成され始めたのは、2013 年からである。このきっかけとなったものは、同年１月の大阪府市新大学構想会議による提言『新大学構想＜提言＞〜統合と再編、新教学体制と大胆な運営改革〜』である。このなかで市大と府大の統合による新大学設立が提言されたが、各学部や各研究科の再編についても提言されており、商学部については地域に関連する新たな学科「地域経営学科」を設置し、新たに１学部２学科体制とする

ことが提起されたのである。商学部ではこの提起を受けて、組織再編の是非を検討し、商学部の活性化のために新学科を設立することを決定した。ただし、学科名については、上述のコンセプトをもとに、地域を超えた国内あるは国際的な問題も扱うことを意識し、「公共経営学科」という名称にした。

　こうしてカリキュラムや教員配置などを練り上げて、5年後の2018年に開設する運びとなったのである。開設時の学生定員については、商学科が170名、公共経営学科が65名であった。「小さく産んで大きく育てる」という方針のもと、やや小さめの規模でスタートした。2022年4月の新大学設立（市大と府大の大学統合）に伴って商学部の学生定員を拡大することになったため、それぞれの学科の定員は商学科195人、公共経営学科75人となった。

Ⅲ　公共経営学科の学び

　公共経営学科の設立によって商学部では2学科体制となったが、それぞれの学科がまったく別々の教育を行っているわけではない。商学部では、入学から2年次前期までの間は、学科には属さずに経営学、経済学、会計学などの基礎的な科目を学ぶ。そして、2年次の夏にいずれかの学科を選択し、2年次後期から商学科か公共経営学科に所属し、専門的な勉強を行う。といっても、互いの学科の専門科目は比較的自由に履修できる。このため、学生は自分が所属する学科で提供される科目のみを学ぶわけではない。したがって、商学部ではいずれの学科に所属するのかは、学びの軸足をどの分野に置くかということを意味している。

　公共経営学科では、具体的には、表 序 -1 のような科目を学ぶ。これらのほかにも、カテゴリー横断的な共通科目として、「公共経営序論」と「公共経営ワークショップ」という専門科目がある。

　「公共経営序論」は、上記の専門科目を担当する13人の教員がオムニバスで担当する講義であり、初学者向けにそれぞれの専門分野について分かりやすく解説する授業である。この授業は、2年次の学生を対象として、前期に開講され、学科選択が2年次の夏に行われることから、その選択の際の参考にな

表 序 -1　公共経営学科の科目

①社会経営系	公会計論　社会関連会計論　非営利組織会計論 ソーシャル・ビジネス論　ビジネス・モデル論　公益事業論 政策形成論　環境政策論　文化政策論　組織文化論
②地域経営系	地域経営論　地域経済論　中小企業論　中小企業会計論 税務会計論　自治体財政論
③地域産業・まちづくり系	地域商業論　地域金融論　ベンチャー・ビジネス論　観光論 ベンチャー・マーケティング論　地域マーケティング論
④産業地理系	産業立地論　産業集積論　地域再生論　大阪ビジネス論

るように、公共経営学科での学習内容を紹介することを目的としている。

　「公共経営ワークショップ」も、2年次の学生を主に対象としている授業である。こちらの科目は後期に開講している。学科選択を終え、公共経営学科に所属した学生が履修できる科目であり、3年次から専門ゼミナールでの専門的な活動を始める前の事前学習的な位置づけの授業である。この授業では、受講生がグループワークを行う。公共経営学科の教員が課題（お題）を出し、その課題に対する提案（プレゼンテーション）をグループのメンバーと協力しながら練り上げて発表する。4〜5回の授業回で1つの課題に取り組んでおり、授業を通して3つの課題に挑戦する。これまで取り組んできた課題は、例えば、大阪でのまちあるきツアーの企画案を提案する、大阪に実際にある公園を活性化するためのプランを提案するなどである。課題提示にあたっては、企業、自治体、NPO等からゲスト講師が参加し、現場で困っていることや検討すべき問題が提示される。そして、それぞれのタームの最終の発表回には、ゲスト講師に提案の評価が行われる。また、最近では、地域活性化をテーマとした演劇脚本をグループで書き、最終的に朗読劇として発表するという課題もある。この授業では、公共経営に関するトピックについて受講生同士で作業をしながら学ぶことができる。

　また、毎年夏休み期間に、公共経営学科主催のイベントとして、中小企業をテーマとした演劇上演を行っている。これは公共経営学科で中小企業論を担当している教員の本多が脚本を書き、本学の学生劇団が演じるという企画であり、学生のみならず多くの市民が観劇に訪れる。

　以上のように、公共経営学科ではこれまでの商学部での伝統と蓄積にもとづ

きつつ、新たな手法を取り入れながら多様な学びを提供している。商学部の活性化を目的として新しく設立した学科であるだけに、従来型の発想や手法にこだわらずに新しいことに挑戦していこうとする気概と雰囲気がある。本書の作成もその一環である。公共経営学科では、商学部の伝統とチャレンジ精神を大切にしながら、商学部、大阪公立大学、ひいては大阪をはじめとした社会全般の活性化に貢献していきたいと考えている。

引用文献

トニー・ボベール＆エルク・ラフラー編（みえガバナンス研究会翻訳，稲澤克祐・紀平美智子監修）『公共経営入門−公共領域のマネジメントとガバナンス−』公人の友社，2008 年。

外山公美・平石正美・中村祐司・西村弥・五味太始・古坂正人・石見豊『日本の公共経営−新しい行政−』北樹出版，2014 年。

枌永佳甫編『公共経営学入門』大阪大学出版会，2015 年。

松行康夫・松行彬子『公共経営学−市民・行政・企業のパートナーシップ−』丸善，2004 年。

宮脇淳『「公共経営」の創造−地方政府の確立をめざして−』PHP 研究所，1999 年。

宮脇淳『公共経営論』PHP 研究所，2003 年。

大住荘四郎『ニュー・パブリック・マネジメント−理念・ビジョン・戦略−』日本評論社，1999 年。

大住荘四郎『パブリック・マネジメント−戦略行政への理論と実践』日本評論社，2002 年。

田尾雅夫『公共経営論』木鐸社，2010 年。

田尾雅夫『公共マネジメント−組織論で読み解く地方公務員−』有斐閣，2015 年。

樽見弘紀・服部篤子編『新・公共経営論−事例から学ぶ市民社会のカタチ−』ミネルヴァ書房，2020 年。

第1章
都市の発展と公益事業

中 瀬 哲 史

I　都心部への注目について

　本稿を執筆している 2023 年現在はコロナ禍であるが、大阪市都心部では新しいビルの建設が計画され（「大阪・心斎橋に駅直結高層ビル　ホテルや高級ブランド店入店」『日経 MJ』2022 年 5 月 18 日）、千葉市にある ZOZO マリンスタジアムでは日本で初めて世界最大のアクションスポーツの国際競技会「X Games（エックスゲームズ）；スケートボード、BMX、オートバイを使うモトエックスの開催）」が 2022 年 4 月 22 日から 24 日の 3 日間行われて延べ 4 万人の来場者を迎えた（「X ゲーム千葉市で開幕　国内初　スケボーなど 3 競技」『日本経済新聞』2022 年 4 月 23 日）など都心部に注目が集まっている。以上の出来事は、都心部でのイベント開催ということに限らず、後述のように、都心部での人口集中（≒都心回帰）を背景としている。

　本章では、中瀬（2020）に依拠しつつ、こうした「都市」が注目される理由、そして「都市」の発展にどのように公益事業が関係してきたのかを歴史的に検討する。

II　都市について

1）都市に関する議論について

　都市、都市経済についての代表的な研究である宮本（1980）では、「都市」

という容器は資本主義の発展によって変化し、逆に都市が資本主義の性格そのものを規定してきたとして、都市を外部性として、客体として扱う。

　これに対し、最近の世界的な都市間競争論では、幅広い専門分野の企業・有能な人材・知識が都市に集まることで情報が集中し、都市にいることは情報の集中する「環」の中にいることを意味すること、都市内部では情報・専門知識・使える人材が思いがけない形で混ざり、さらに進んだ知識や情報が生まれるように新たな価値を生み出す場所として、都市を発展する主体として扱う（サッセン，2018）。

　東京都心部（千代田区、中央区、港区）では、バブル経済崩壊後に地価が下落し、ビル用途が事業用から住宅用マンション（特にタワーマンション）へと転換し、そこに住居する若い世代の人口増加が進んでいること、片や郊外住宅地において高齢化、人口流出が問題となっていることが指摘されている（日野・香川，2015）。コロナ禍のもとで「トカイナカ」（都心から1時間から1.5時間のエリアのこと）（神山，2022）への人の移動が進んでおり、東京都人口は流出傾向にある（グローバル・リンク・マネジメント，2020）という「逆流」の指摘はあるものの、都心部そのもの存在意義は否定されてはいない。

2）「都心」とは何か

　それでは「都心」とはどのようなところであろうか。高田（2010）は、都心居住者のワークライフバランスは仕事と生活の近接可能性だけでなく、都心に蓄積された豊富な歴史的・文化的あるいは環境的資源の利活用を通しての生活の質の向上によっても促進されること、都心部に存在する資源そのものは持続的に運営されるべき仕組みであり、コモンズと呼ばれるような地域生活の基盤と考えられること、この都心におけるコモンズは特定の人たちだけで利用管理するものではなく外部の人たちも何らかのルールの下で責任を持って利用したり、管理に参加する仕組みをつくることが必要であるというタイトでオープンなコモンズだと言えること、を述べる。

　郊外住宅地は地域社会としての再生が求められ、住民、住民組織、地元企業、地元教育機関など多様な主体が連携する「新たな公共」（マルチパートナーシッ

プ）の仕組みの必要が求められるのだが（三好，2010）、この点は都心においても当てはまる。

　それでは、抽象的に「都市」について考えるのではなく、次に大阪公立大学の存在する「大阪」に注目して検討していこう。

Ⅲ　「大阪」とはどのような都市か

1）「大阪」についての先行研究

　まず、芝村（1999）は 1920、1930 年代から 1970 年代半ばまでの高度経済成長期の大阪を取り上げ、大阪市長関一の存在、大阪市の都市専門官僚制の官僚主義的側面、大阪府市の対立、大阪市における区政会議の不調等を指摘し、厳しい評価を下す。

　砂原（2012）は「大阪都構想」とは「強い広域自治体」と「優しい基礎自治体」の成立を訴えるもので、「都市官僚制の論理」と「納税者の論理」を内包しており、企業体としての大都市を動かしやすくするものだと評価する。ただし、大阪府市の構造改革は財政のスリム化を進め、公務員を大きく削減して財政を立て直したものの、新型コロナウイルス感染下で保健所業務を厳しい状況へと追い込んだ（「検証維新改革④　公務員削減『特権』にメス　大阪府・市財政再建が進展　人材確保課題に」『日本経済新聞』2022 年 10 月 21 日地方経済面）。

　沢井（2019）は第 2 次世界大戦時期から現代にいたる大阪経済の歩みを取り上げ、大阪経済は製造業に深く根をおろしていることから将来の日本経済を検討する際の参考になること、大阪経済は産業構造の転換が進んでおらず、「遅れている」、「地盤沈下した大阪」と理解する。

　現代の大阪について、久保（2019）は、大阪は東京－名古屋－大阪－広島－福岡というように、東京を頂点とする日本の都市システムの中に位置付けられること、世界の大都市においては、東京がロンドン、ニューヨーク、パリに次ぐ世界 4 位であるのに対して、大阪は台北に次ぐ世界 32 位にあること（なお、10 位以内にはシンガポール、香港、ソウル、シドニー、フランクフルト、トロント等がある）とする。大阪市を国際金融都市化しようとする構想はある

が、東京はロンドン、ニューヨークとむすぶ、金融グローバルネットワーク都市の一つであり、アジアの中のヘッドクォーターと位置づけられる。大阪が東京と同じレベルの都市になるのは並大抵ではない。

　以上の先行研究はいずれも大阪、大阪経済を「遅れた」もの、「ジリ貧」と消極的に把握するが、大阪は一つの有力な都市として存在し、大阪経済は機能している。大阪の実態を明らかにしよう。

2）現在の大阪について

　図 1-1 は大阪の地図である。大阪府の面積自体は 1900 平方メートルで日本全国第 46 位と「狭い」ものの、北は能勢町から南は岬町まで、東は生駒山脈まで迫り、西は大阪湾に面している。平地だけでなく、山、海にも恵まれており、大阪府自体はとても「広い」のである。

　図 1-2 は 2000 年代以降の大阪圏の人口推移について、国勢調査年を中心に 5 つの時期の人口倍率を示している。「都心3区」とは大阪市北区、中央区、西区、「副都心2区」は浪速区、天王寺区と把握して（国土交通省，2017）、この都心3区、副都心2区以外の区を保健所の位置に従って、大阪市北部を都島区、淀川区、東淀川区、旭区、大阪市西部を福島区、此花区、港区、大正区、西淀川区、大阪市東部を東

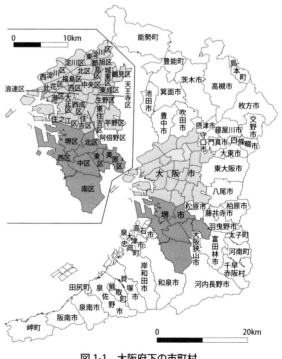

図 1-1　大阪府下の市町村

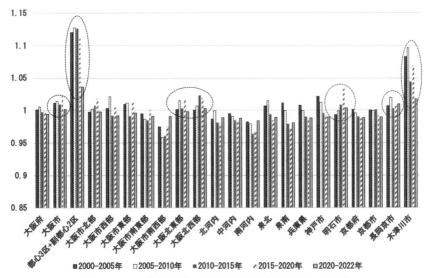

図 1-2　2000 年代以降の京阪神圏地域別の人口増加の推移

出所）国勢調査、大阪府の推計人口（年報）より筆者作成。

注）「2000-2005 年」とは、「2000 年」と「2005 年」の人口を比較した際の倍率。

成区、生野区、城東区、鶴見区、大阪市南東部を阿倍野区、東住吉区、平野区、大阪市南西部を住吉区、西成区、住之江区とする。大阪府について、大阪北東部を高槻市、茨木市、摂津市、島本町、大阪北西部を豊中市、池田市、吹田市、箕面市、豊能町、能勢町、北河内を守口市、枚方市、寝屋川市、大東市、門真市、四條畷市、交野市、中河内を八尾市、柏原市、東大阪市、南河内を富田林市、河内長野市、松原市、羽曳野市、藤井寺市、大阪狭山市、太子町、河南町、千早赤阪村、泉北を堺市、泉大津市、和泉市、高石市、忠岡町、泉南を岸和田市、貝塚市、泉佐野市、泉南市、阪南市、熊取町、田尻町、岬町としている。

　以上の図 1-2 では、大阪市を含めた大阪府北部で 5 つの時期すべてで倍率が 1 を越えていることが確認できる。大阪市中心部の新規計画の 6 割がマンション、自社ビル売却で大規模オフィスビルへ移転しているとの新聞記事（「大阪中心部職住近接へ」『日本経済新聞』2020 年 1 月 8 日地方版）と符合する。コロナ禍下でも人口増加がみられる市として、兵庫県明石市、京都府長岡京市、木津川市も注目され、前述した東京圏で注目される「トカイナカ」と同じ現象

と考えられる。ただし、大阪府北部以外の人口減少のために大阪府全体では人口減少となり、神戸市、京都市でも人口減少となっている。首都圏とは異なり、京阪神圏では大阪市に人口が集中する。

　最近の大阪府統計年鑑（2021 年）によると、こうした人口増加の確認できる大阪市ではもともと事業活動が盛んである。事業所数について、大阪府全体 39 万ヵ所のうち大阪市には 18 万ヵ所（45.6％）、従業員数 440 万人のうち大阪市 221 万人（50.3％）を誇る。製造業では、大阪市には大阪府全体の全事業所 4.3 万ヵ所のうち 1.7 万ヵ所（38.8％）、従業員数 60 万人のうち 20 万人（33.0％）が集中し、同時期の大阪府生産額全体に占める大阪市内生産額は 28.5％（2016 年における大阪府民経済計算に占める大阪市民経済計算の割合）となっている。情報通信業では、大阪府全体 5.8 万ヵ所事業所数のうち 4.6 万ヵ所（80.2％）、従業員数 14 万人のうち 13 万人（90.8％）が集中し、都心 3 区＋副都心 2 区には 3.6 万ヵ所（61.6％）、11 万人（75.7％）が存在する。2016 年度における大阪市内情報通信業の生産額の、大阪府内生産額に占める割合は 9 割を超えている。

　国土交通省（2017）において、梅田ターミナル（JR 西日本東海道線、同大阪環状線、大阪メトロ御堂筋線、同谷町線、同四つ橋線、阪神本線、阪急京都線等の乗り入れ地）における全乗り換え 35 万人／日のうち、JR 西日本大阪環状線外回りへの乗り換えは 4.7 万人／日（13.3％）、同内回りへは 3.8 万人／日（10.6％）、大阪メトロ御堂筋線下りへ 6.6 万人／日（18.7％）、同谷町線下りへ 2.9 万人／日（8.1％）、同四つ橋線下りへ 3.3 万人／日（9.3％）を記録する。対して天王寺ターミナル（JR 西日本大阪環状線、同阪和線、同大和路線、大阪メトロ御堂筋線、同谷町線、同四つ橋線、近鉄南大阪線の乗り入れ地）では全乗り換え 18.4 万人／日のうち、JR 西日本大阪環状線外回りへの乗り換えは 3 万人／日（16.1％）、同内回りへは 3.7 万人／日（20.2％）、大阪メトロ御堂筋線上りへ 3.9 万人／日（21.3％）、同谷町線上りへ 2.3 万人／日（12.5％）、を記録している。梅田、天王寺から都心 3 区、副都心 2 区に存在する、中枢管理機能、情報・業務機能を果たす企業への人の移動が確認できる。

この点を反映してか、大阪市の昼夜間人口比率は、東京都特別区部 129.8、名

古屋市 112.8、福岡市 110.8、京都市 109.0 に対して日本の都市において最大の 131.7 となっている（総務省統計局，2017）。

　現在、エリアマネジメントという従来の都市デベロップメントに留まらず、それ以降のマネジメントにも配慮した都市づくり（都心のあたらしい街づくりを考える会都市構造検討委員会，2017）が志向され、大阪駅とその周辺（特にうめきた）、水の都・大阪のシンボルである中之島、大阪のメインストリートである御堂筋沿いを中心に展開されている（佐藤・佐野，2019）。このように大阪市都心部には多くの人、情報、製品、そして文化が集中する、分断できない「集塊」を形作る。

　以上の大阪市都心部への集中は以下のように推移した。近世大坂の大坂三郷から、①明治期において旧大阪城下町域へのオフィス、商業施設の集中する中心市街地の形成と沿岸部の大規模な紡績工場、重化学工場の集積、内陸部の大阪砲兵工廠を中心とした化学工業、機械器具工業、雑工業の工場立地に周辺部での労働者居住地域の形成が続き、②大正期において大阪市中心街から 10-25 キロメートル地域における電鉄会社による都市中間層向け住宅地の造成がなされ、独自の発展を遂げる神戸市、京都市とともに京阪神圏が作られ、③第 2 次世界大戦後に大阪都心部において法人による土地所有が優位して継続し（西村雄郎，2008）、他方で、大阪市の財政逼迫のために地下鉄工事が進捗せず、中枢管理機能、情報・業務機能は梅田から本町、難波を経て天王寺へとつながる御堂筋線沿線に集中し、御堂筋線ラッシュ緩和のため、ようやく 1970 年万博の際に並行建設された四つ橋線、堺筋線、谷町線の沿線に分散するなかで形づくられた（西村弘，2007）。

Ⅳ　大阪のまちづくりの発展を支えた公益事業の歴史的展開

1）大阪の水道の発展について

　大阪市のまちづくりについて、まずは水道事業に触れよう。大阪市営水道事業の敷設前には、大阪府の規制の下で飲料水販売業者が濾過水を供給するものの、高価格なために住民の必要とする水量の約 2 割にしかならず、多くの住

民が天満橋上流川岸、中津川嬉ガ崎上流川岸から取水された川水を水売りから購入するなど河水・堀水を中心に飲食に利用し、市内に広く普及した井戸は一般には雑用水として、一部は飲食用水として利用された（加来, 1998）。こうした状況ではコレラ等伝染病や火災延焼への対応が難しいことから、大阪市は多額の資金をかけて 1895 年に水道事業を開始した。大阪市一円だけでなく、大阪市外へ、例えば堺市（1924 年）、守口町（1925 年）、吹田町（1927 年）、布施市（1938 年）、豊中市（1947 年）へも求めに応じて水道が供給された（大阪市水道局, 1996）。大阪府は 1951 年から水道供給が試みられ、大阪府庭窪浄水場（守口市）が 1958 年に整備された。いわば大阪府市の水道事業は双子ともいえる存在だった。地盤沈下対策として大阪市、大阪府ともに工業用水を供給した（大阪市水道局, 1996）。

　現在の大阪市の水道事業についてである。水道事業には規模の経済性（浄水場の規模拡大による単位費用の低下）、範囲の経済性（用水供給と末端給水の垂直統合、上下水道統合）、密度の経済性（給水人口密度に基づく配水管使用効率）が関係する（太田, 2011）。

　大阪市営水道事業はコスト削減努力を続けつつも最近は停滞状態となっている。2016 年から 2020 年では、有収率（年間総有収水量／年間総配水量× 100）が 92.2、92、91.5、91.5、90.9、施設利用率（％）は 45.5、45.7、45.7、45.6、44.9 に、配水管使用効率（m^3 ／ m）は 77.11、77.47、77.63、77.74、76.23 と下がり気味のため、給水原価（円／ m^3）は 131.37、127.9、129.16、131.87、134.59 と上がり気味となった。他方、供給単価（円／ m^3）はコロナ禍による水道需要の減少もあり、160.48、160.47、160.35、159.64、136.3 と伸び悩み「供給単価－給水原価」（円／ m^3）は 29.11、32.57、31.19、27.77、1.71 と芳しくない（『地方公営企業年鑑』「第 3 章事業別　1. 水道事業　個表」各年度版）。

　もう一方で、大阪府の水道水は淀川依存率が 2018 年度において 90.5％、地下水その他自己水源は 9.5％となっていることから、各地において、例えば能勢町で地下水、豊能町で一庫ダム、東大阪市で生駒山湧水、柏原市で地下水、藤井寺市で石川伏流水、岸和田市で流木地下水など自己水源を有することから、

その自己水源を維持しつつ拡大することで渇水対策とすることができる。

　水道事業の推進のために「水道で流行している AKB は A『あきらめた』K『考えない』B『場当たり的』。こうなってしまうと逃げたくなるかもしれませんが、その逃げ場を民間企業への無責任な委託にしているのはどうかと思います」（熊谷，2013，281 頁）と指摘されているように安易な民営化を避けつつも、広域化を進めてさらなるコスト削減が求められる。現在、課題はあるのだが、大阪の発展を支えてきた。

２）大阪の交通体系の整備、発展の推移

　大阪の交通体系として、現在の大阪メトロ（以前は大阪市営地下鉄）を取り上げよう。地下鉄事業は、大阪市の都市計画事業の高速鉄道事業として 1933 年梅田 - 心斎橋間で開業され、前述のように 1970 年大阪万博時に現在の形に整備された。地下鉄の基本計画は、1966 年 3 月に再び改訂され、1967 年度完成目標の緊急 5 ヵ年計画は、大阪万博開催前の 1969 年度まで延伸更改し、6 路線 64.5 キロの、国鉄環状線内を格子状に結ぶ地下鉄網として整備された。その際、輸送効率をあげるため大阪市内に存在した路面電車を 1968 年度末までに全廃し、地下鉄を中心とした都市交通体系への一大転換を図ることになった（新修大阪市史編集委員会，1995）。大阪市営地下鉄事業の整備は 1970 年大阪万博の成功を支え、前述のように大阪市都心部への中枢管理機能、情報・業務機能の集積につなげた。

　なお、1970 年大阪万博の成功は、大阪市をして単発的なイベント、外来型巨大プロジェクトの誘致による経済振興という「麻薬的」要因への依存体質を生んだと指摘される（西村弘，2007）。

　大阪市営地下鉄事業を進める際にはあわせて地下街が整備された。大阪地下街株式会社（1986）によると、1974 年 6 月の地下街中央連絡協議会「地下街に関する基本方針」では、「地下街」とは公共の用に供される地下歩道（地下鉄の改札口外の通路、コンコース等を含む）と当該地下歩道に面して設けられる店舗、事務所その他これらに類する施設が一体となった地下通路（地下駐車場が併設されている場合には、当該地下街駐車場を含む）とされ、大阪市土

木局と同交通局で地下街構想がまとめられ、当時の中井市長の指示のもと、近代的地下街として完成をおさめた名古屋の先例に学びながら 1956 年公私共同経営方式「大阪地下街株式会社」が設立された。

　1957 年に、南海電鉄難波駅前の自動車交通量の多さに対し、南海電鉄の乗降客、高島屋百貨店買物客、戎橋通りと南海通りの歩行者の交通安全施設として計画され、他方で大阪市民がその地下街を利用するように優良店舗を集めることが目指され、高島屋百貨店の協力のもと、大阪市で初めての地下街としてナンバ地下センターが設けられた（後にナンバなんなんタウン）。以後、ホワイティうめだ、あべちか、なんばウォーク、コムズガーデン、クリスタ長堀と、市内主要ターミナルに次々に地下街を建設、拡張していった。

　そして、大阪市営地下鉄は、2018 年大阪市高速電気軌道株式会社として民営化されて大阪メトロと通称されている。民営化前の 2017 年度の経営状態を他都市の地下鉄と比べるとその良好さがわかる。2017 年度における経営損益について、東京都 34 百万円、札幌市 9 百万円、仙台市 -2 百万円、横浜市 10 百万円、名古屋市 17 百万円、京都市 0.2 百万円、神戸市 2 百万円、福岡市 7 百万円に対して大阪市は 45 百万円と際立って高く、累積欠損金では、東京都 260 百万円、札幌市 228 百万円、仙台市 92 百万円、横浜市 101 百万円、名古屋市 231 百万円、京都市 308 百万円、神戸市 77 百万円、福岡市 124 百万円と軒並み赤字を抱えるのに対して、大阪市に欠損金はなかった（総務省ホームページ「平成 29 年度地方公営企業年鑑　第 3 章　事業別　3. 交通事業」）。大阪市営地下鉄の経営は良好だった。

　なお、図 1-3 の他都市を含めた乗車効率の推移を見ると、大阪市の乗車効率は 1990 年代半ばまで良好だったものの、その後悪化してゆき、東京都、横浜市、名古屋市、神戸市に抜かれていく。以上の乗車効率の悪化には、1990 年代半ば以降の「テクノポート大阪」計画に関係した舞洲、咲州へのアクセス路線の運行と関係していると考えられる。

　この計画は 1990 年代当初の「大阪市総合計画 21」において梅田ー本町ー難波ー天王寺の「南北」軸に対する「東西」軸として地下鉄延伸をもって進めるものと主張されてきたものなのである。

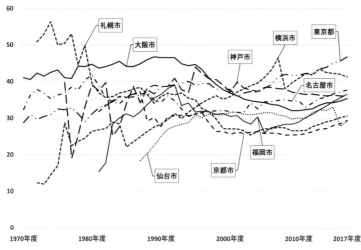

図 1-3　高速鉄道事業の都市別乗車効率の推移

出所）総務省ホームページ「地方公営企業年鑑　第 3 章　事業別　3．交通事業（七）個表（6）経営分析に関する調（イ）都市高速鉄道事業」各年度より著者作成。

注）乗車効率＝乗車密度÷平均定員（乗車密度＝年間延人キロ÷年間走行キロ）

　しかし、大阪にとっての「東西」軸とは、阪神なんば線の成功が示すように、神戸市から西宮市の阪神間、大阪を経て奈良に至るつながりではないだろうか。いずれにしても、大阪市内を中心に路線網が広がる地下鉄は大阪市のまちづくりと一体的な増客に取り組みながら（川勝，2013）、今後も大阪の発展を支えていく必要がある。

3）住まいとまちづくりの進展によるサポート

　直接的な公益事業とは言えないが、これまでに大阪市が進めてきたパートナーシップ型のまちづくりは大阪市の発展をもたらしたインフラストラクチャー的なあり方だった。このあり方は、いわゆる「行政主導」でもない、また行政は不要で地元住民と専門家で計画立案するといういわゆる「住民主導」でもない、行政と地域住民が連携しながら事業を進める「パートナーシップ型のまちづくり」だった（北山，2016）。そこで、最後にこの点に触れよう。

　大阪市には老朽木造住宅が存在しておりその整備が必要と考えられていた。

例えば、生野区南部地区ではそのままでは道路に接していない老朽住宅が多く、災害上危険であること、立退き者には正当な補償が行われかつ新しく建設する公共賃貸住宅に入居することができる「密集市街地整備事業」に指定されたものの、1990年代初頭に暴力的な地上げの問題が発生し、地元住民がまとまって地上げ屋に対抗し、警察が関係者を逮捕する事件が起こるという経験をして、当初は公共的な地上げだとして強く反発した。改良事業対象地区の住民の声を聞かず一方的に自分たちのスケジュールに沿って行政主導で大規模なクリアランスを伴い直接的な生活状況の変化を与えるものと考えられたからだった。

　そこで、地元住民で構成する「まちづくり協議会」を設置してもらい、当該地域住民の意見を計画段階から反映させ、改良住宅のデザインの検討やまちかど広場の計画づくりに当初から住民の意見を取り入れる新たな仕組みを作るというように丁寧に進めた。結局、図1-4のように、古くからのコミュニティを生かしながら居住環境を整備し、骨格部分のクリアランス、それ以外の多くの部分は民間老朽住宅の建替や細街路の拡幅、まちかど広場の整備などを促進した、新しい修復型のまちづくり事業となった。

　以上のまちづくり協議会を活用する「パートナーシップ型まちづくり」は大変重要なあり方である。

V　今後の大阪の発展に向けて

　本稿では、大阪市を具体例として、都市の発展に公益事業というインフラストラクチャーのサポートがどのように関連したのかを議論した。今後の大阪にとっては、大阪市の地域だけでなく、大阪府を範囲とした地域でもそうしたあり方を志向すべきだろう。

　というのも、インバウンド頼みの「一本足打法」という成長戦略に対する懸念があること（「検証維新改革①　経済の浮沈訪日客頼み　8年で7.8倍、コロナで逆風　国際競争へ発信力課題」『日本経済新聞』2022年10月18日地方経済面）、残念ながら大阪府域であっても地域差が生まれつつあること（「検証維新改革③　『次世代への投資』に地域差　大阪府立高　進む老朽化と統廃

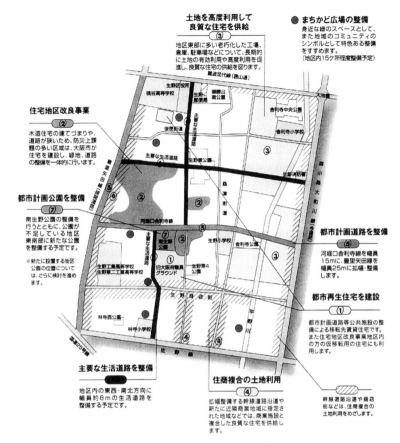

図1-4　生野区南部地区まちづくり基本構想

出所）北山（2016）147頁。

　合　『大阪市集中不満も』」『日本経済新聞』2022年10月20日地域経済面）、大阪市と大阪府の関係はますます深まっており、大阪府経済の後退は結局は大阪市経済に跳ね返ると考えられること、が理由である。

　実は、2023年現在の大阪府域には第1次、第2次、第3次産業の展開に注目が集まる。第3次産業については大阪市都心部における情報通信業の盛業、エリアマネジメントの進展は前述したとおりであり、第2次産業についてもすでに述べたように、大阪市に製造業の存在感があり、2022年度後期にNHK

朝ドラ「舞いあがれ！」で改めて取り上げられ、注目された東大阪地域の中小企業の存在する産業集積地域へ、大阪市内から連なっている。第1次産業に関しては、大阪府北部の能勢町にある秋鹿酒造において「農醸一貫」を掲げて、米作りから酒造りを始める「大阪テロワール」を推進して全国的にも注目されている。大阪府南部の岸和田市にある大阪・泉州広域水産業再生委員会では泉州プレミアムを実践しようと、国の水産庁も注目する先進的なスマート漁業を進めている。（実は、2022年12月在版テレビ局のある番組内の一企画の調査において、道頓堀川に天然ウナギが生育していることが判明している。）

　このように、大阪府域は限りない可能性を秘めている。今後ますますこうした地域が発展するには、現地地域が自らの意思と主体性と財源を持って、自らの有する資源をその特徴を踏まえて活用しうるように、政治的にも経済的にも社会的にもサポートしてゆくことであろう。

　その際、大阪を中心とする京阪神圏には、準キー局とされる放送局が複数存在し（放送事業）、JR以外に資本系列の異なる大手私鉄が複数存在し（交通事業）、日本国内で代表的なガス事業、電気事業が存在しており、こうした公益事業が有効に機能することが期待されるのである。今まさに公共経営のあり方が、大阪に問われている。

引用文献

大阪市水道局（1996）『大阪市水道百年史』。

大阪地下街株式会社（1986）『大阪地下街30年史』。

太田正（2011）「水道事業」塩見英治編『現代公益事業』有斐閣ブック，121-153頁。

加来良行（1998）「近代水道の成立と都市社会」廣川禎秀編『近代大阪の行政・社会・経済』青木書店，81-124頁。

川勝健志（2013）「大阪市営地下鉄の経営状況と民営化議論の動向に関する調査研究」『公営企業』第45巻第8号，36-60頁。

神山典士（2022）『トカイナカに生きる』文春新書。

北山啓三（2016）『未来へ手渡す　HOUING POLICY　大阪　住宅・まちづくり政策史』大阪公立大学共同出版会。

久保隆行（2019）『都市・地域のグローバル競争戦略』時事通信社。

熊谷和哉（2013）『水道事業の現在位置と将来』水道産業新聞社。

グローバル・リンク・マネジメント（2020）「コロナによって東京一極集中の流れは変わったのか？　NEWS LETTER　2020 年 10 月 21 日」（https://www.global-link-m.com/wp-content/uploads/2022/08/9bdbbd6c9c54279c060b0e84bc409d0e.pdf 2033/03/12）。

国土交通省（2017）『平成 27 年　大都市交通センサス　近畿圏報告書　平成 29 年 3 月』。

サッセン，S.（2018）（伊豫谷登志翁監訳，大井由紀・高橋華生子訳）『グローバル・シティ　ニューヨーク・ロンドン・東京から世界を読む』筑摩文芸文庫。

佐藤道彦・佐野修久（2019）『まちづくり　イノベーション』日本評論社。

沢井実（2019）『現代大阪経済史』有斐閣。

芝村篤樹（1999）『都市の近代・大阪の 20 世紀』思文閣出版。

新修大阪市史編集委員会（1995）『新修大阪市史　第 9 巻』。

砂原庸介（2012）『大阪－大都市は国家を超えるか』中公新書。

総務省統計局（2017）「平成 27 年国勢調査 従業地・通学地による人口・就業状態等集計結果　結果の概要　平成 29 年 6 月 28 日」12 頁（https://www.stat.go.jp/data/kokusei/2015/kekka/jyutsu1/pdf/gaiyou.pdf、2022/03/06）。

高田光雄（2010）「都心居住の再生可能性」広原盛明・高田光雄・角野幸博・成田孝三編『都心・まちなか・郊外の共生－京阪神大都市圏の将来－』晃洋書房，217-236 頁。

都心のあたらしい街づくりを考える会都市構造検討委員会（2017）『かえよう東京』鹿島出版会。

中瀬哲史（2020）「大都市の経営史：大阪市の都市経営を歴史的に検討する」『経営研究』第 71 巻第 3 号，1-36 頁。

西村弘（2007）『脱クルマ社会の交通政策』ミネルヴァ書房。

西村雄郎（2008）『大阪都市圏の拡大・再編と地域社会の変容』ハーベスト社。

日野正輝・香川貴志（2015）『変わりゆく日本の大都市圏』ナカニシヤ出版。

宮本憲一（1980）『都市経済論』筑摩書房。

三谷庸隆（2010）「郊外ニュータウンのオールドタウン化とその再生」広原盛明・高田光雄・角野幸博・成田孝三編『都心・まちなか・郊外の共生－京阪神大都市圏の将来－』晃洋書房，193-213 頁。

第2章
公害問題と地域の内発的発展
―岡山県倉敷市水島地区を事例として―

除 本 理 史

I　はじめに

　現在、急激な気候変動が、私たちの人権を脅かすまでに被害を拡大している。世界各地で異常気象が頻発し、氷河の融解や海水温の上昇、生態系の不可逆的変化などが進行しつつある。日本でも、毎年のように集中豪雨や巨大台風が各地を襲い、甚大な被害をもたらしている。

　かつて環境経済学者の宮本憲一は、維持可能な社会を実現するためには足もとの地域が変わらなければならないと強調した（宮本，2006）。本章が事例として取り上げる岡山県倉敷市水島地区は、温室効果ガスの大口排出源であるコンビナートを臨海部に抱えており、脱炭素に向けた課題が山積する典型的地域である。地域からカーボンニュートラル（温室効果ガスの排出実質ゼロ）を進めていくうえで、水島がどう変われるかが日本の試金石にもなろう。

　コンビナートがあることは、将来への困難をもたらすだけではない。戦後の高度経済成長期に公害が深刻化し、被害者によって訴訟が提起され、問題解決に向けた努力が積み重ねられてきたことは、地域の中に有形・無形の蓄積をつくりあげている。深刻な公害を経験した水島は、そのことによってむしろ、将来の問題解決に向けた潜在力を蓄えてきたのではないか。

　このように倉敷市水島地区は、戦後日本の地域開発と公害、そして現代の環境再生と脱炭素の課題を典型的に抱え込んだ地域である。したがって水島を入口として、現代日本の地域発展の方向性を考えることには、大きな意義がある

（除本・林編，2022）。日本では第二次世界大戦後の高度経済成長期に、公害の被害が深刻化した。そのため、公害訴訟が提起され、その解決を通じて被害者救済の原則が明らかになるとともに、救済制度もつくられてきた。本章はまずその過程を素描するところから始めたい。

Ⅱ　戦後日本の地域開発と公害

1）深刻な公害被害の発生

　戦後日本の高度経済成長は 1950 年代半ばに始動し、それにともなって、四大公害事件（イタイイタイ病、熊本水俣病、新潟水俣病、四日市喘息）に見られるように、企業の経済活動に起因する産業公害が深刻化した。また、大都市に人口が集中し、生活排水、ごみ、自動車排ガスなどの都市・生活型公害が徐々に問題となっていった（宮本，2014）。

　この時期、公害が深刻化した原因は、第 1 に、企業が労働者の安全・健康、公害防止のための投資を節約するという傾向がきわめて強くあらわれたことにある。企業から見れば、それらの投資は利潤の獲得に貢献せず、利潤率を引き下げるからである。また、国や自治体による社会資本の形成においても、産業基盤整備が優先された（宮本，1976）。

　第 2 に、国と自治体の地域開発政策は、工業地帯の拡大、地域構造の変容を通じて、公害の深刻化と拡散を招いた（宮本，1973，30-38 頁）。1960 年に池田内閣が国民所得倍増計画を決定し、東京、名古屋、大阪などの太平洋ベルト地帯において新しい工業地帯を造成するとともに、既成の四大工業地帯周辺へ工場の分散を促進する方針を打ち出した。自治体が進めていた工場誘致競争は加速され、京葉（千葉県）、川崎・横浜（神奈川県）、名古屋南部（愛知県）、四日市（三重県）、堺・泉北（大阪府）といった大都市周辺部に、素材型重化学工業（鉄鋼、石油化学など）、エネルギー産業（電力など）のコンビナートが次々と建設されていった。さらに、1962 年に閣議決定された全国総合開発計画は、太平洋ベルト地帯で進められていた拠点開発方式を全国に広げようとするものであった。拠点開発方式とは、新産業都市などの開発拠点を要所につ

くり，その周辺へと開発効果の波及を期待するものである。大規模なコンビナート地帯が，居住区域に近接して造成されたところでは，公害が深刻化した。

　第3に，産業構造と地域構造の要因も重要である。上記のような地域開発政策のもとで，素材型重化学工業や電力産業は国内の産業構造における比重を高めた。これらの産業は，資源・エネルギーを大量に消費するため，適切な対策を施さなければ公害発生源となる。さらに，コンビナートの立地に際して，公害について十分考慮されないまま，住民の居住区域に近接して工場が配置された。このような地域構造は，四日市公害訴訟では「立地上の過失」として厳しく問われた（宮本，1973，67-68頁，97-99頁）。これらの結果，コンビナート周辺地域では大気汚染，水質汚濁などの公害が深刻化したのである。

　岡山県でも戦後，重化学工業の誘致による拠点開発が推進され，1964年に倉敷市を含む県南地区が新産業都市に指定された。それにともない，埋め立て工事による漁場の破壊，水質汚濁による漁業被害，大気汚染によるイグサなどの農業被害が広がり，さらに呼吸器疾患の患者が多発した。公害を懸念する声も一部にはあったが，大きく広がることはなかった（丸屋，1970，132頁）。

　他方，全国総合開発計画により開発拠点地域とされた静岡県の三島・沼津・清水2市1町では，1963年から翌年にかけて住民の反対運動が展開され，石油化学コンビナート進出が阻止された。この運動は，すでに公害が起きていた四日市や水島の教訓に学んだものである。こうして事前にくいとめた地域はよかったが，自然を破壊して工業用地，港湾，用水などの産業基盤を整備したにもかかわらず，工場が進出しなかった自治体は，深刻な財政難に直面することになった（宮本，1973，36頁，59-64頁）。

　地域構造という点では，急激に都市化が進行したため，都市・生活型公害が次第に問題となっていったことも指摘しておかねばならない。全国総合開発計画は，人口の分散をねらったものの，思うようには進まなかったのである。

2）環境政策の立ち遅れと四大公害訴訟

　公害の深刻化に対して，公害対策，環境政策は大きく立ち遅れていた（庄司・宮本，1964，65-86頁）。日本の国家レベルでの環境政策（公害対策としての）

の枠組みは、1967 年制定の公害対策基本法によって、初めて規定されたといってよい。この背景には、前述のように三島・沼津・清水で、住民運動によりコンビナート進出が阻止されたという事情がある。しかし重大な問題点として、この法律には、経済の健全な発展の範囲内で生活環境保全を行うという「経済調和条項」が含まれており、法制定後にむしろ「汚染が全国に広がりはじめた」と批判された（庄司・宮本，1975，149-150 頁）。

　国の対策が遅れる中で、大都市部では 1960 年代半ばから、公害反対の世論や住民運動を背景に自治体改革が進められ（「革新自治体」の誕生）、公害防止協定の締結や公害防止条例の制定など、国に先んじて独自のイニシアティブを発揮した（寺西，2002, 6-8 頁）。国の環境政策が本格的に形成されるのは、やっと 1970 年代に入ってからである。1970 年の「公害国会」で、公害対策基本法が改正されて「経済調和条項」が削除され、また 1971 年には環境庁（現・環境省）が発足した。

　さらに、1960 年代後半に提起され、1970 年代前半に被害者側の勝利に終わった四大公害訴訟も、環境政策の前進に大きく寄与した（宮本，2007，178 頁）。具体的には、環境基準の設定・強化や被害者救済制度の策定などであり、後者に関しては、1973 年に制定された公害健康被害補償法（以下、公健法）が、日本独自の制度としてよく知られている。

　公健法は、大気汚染による健康被害の補償に関し、重要な役割を果たしてきた法律である。同法により、①大気汚染が著しく、指定疾病（慢性気管支炎、気管支喘息、喘息性気管支炎、肺気腫）が多発している地域（指定地域）に、②一定期間以上居住または通勤し、③指定疾病に罹患している者は、本人の申請により、行政から認定されれば、補償給付（医療の現物給付や、収入の減少を補うための生活保障的給付など）を受けられるようになった。指定地域は 1978 年までに 41 地域に広がった。水島地区も 1975 年に指定地域となっている。

3）高度経済成長の終焉と公害問題の変化

　戦後日本の高度経済成長期に深刻化した産業公害は、「ポスト工業化」段階

へ移行するとともに、改善が見られた。産業公害の発生源となってきた素材型重化学工業は、過剰な生産能力を抱えたまま1974年の不況に入ったため大きな打撃を受け、産業構造の転換が進んだ。

　その一方で、生活排水、ごみ、自動車排ガスなどによる都市・生活型公害が深刻な社会問題となっていった。大気汚染の発生源も、工場・事業場などの固定発生源から、自動車などの移動発生源へと移行していく。

　高度経済成長期に急速に進んだ大都市への人口集中は、1970年代後半にひととき沈静化したものの、再び増加へと転じた。1980年代に入ると「東京一極集中」といわれるように、東京を中心に人口増加が続いた。しかし、依然として産業基盤整備が公共投資の中心を占め、生活関連の社会資本整備が量的・質的に立ち遅れたため、都市・生活型公害をはじめとする様々な都市問題が生じたのである。とくに、高度経済成長期の公共投資のうち最大のものは道路整備であった。その結果、自動車中心の交通体系が形成され、排ガス汚染が深刻化した。

　高度経済成長期を通じて人々の生活様式は変化し、アメリカ合衆国のような大量消費型となった。特徴的なのは、耐久消費財の増加である。1950年代末から、テレビ、電気洗濯機、電気冷蔵庫、電気掃除機、電気・ガス炊飯器などが普及しはじめ、さらに1960年代後半になると、自動車やクーラーなどが買われるようになった。こうして消費生活が変わった結果、ごみが増加し、またその質も変化した。質の変化とは、処理困難なプラスチックなどの化学製品や、処理費用のかかる粗大ごみの問題である。

Ⅲ　大気汚染訴訟と環境再生の提起

1）大気汚染訴訟から環境再生へ

　戦後日本の大気汚染公害は、化石燃料を大量に消費する電力や素材型重化学工業が展開した地域で深刻化した。そうした中で、まず1967年に、三重県四日市市において公害訴訟が提起された。四日市公害は、石油化学コンビナートによる産業公害であり、その発生源企業が被告とされたのである。

　この訴訟で 1972 年に被害者側が勝利すると、1970 年代半ば以降、各地で大気汚染訴訟が提起されていった（表 2-1）。大阪・西淀川でも 1978 年に提訴がなされているが、これ以降、被告に国と高速道路公団が加わっていることがわかる。これは当時、次第に強まってきた自動車排ガス汚染の影響を考慮したものである（篠原，2002，68 頁）。

　これらの大気汚染訴訟は、環境政策の後退に対抗する被害者側のアクションであった。環境政策の後退とは、1978 年に二酸化窒素の環境基準が緩和され、1988 年には公健法の地域指定が解除されるなどの一連の流れをさす。倉敷市の公害被害者たちも、1983 年にコンビナート企業 8 社を相手取って訴訟を提起した。千葉と倉敷の訴訟は、国と高速道路公団を被告としておらず、固定発生源企業だけを相手取っている。

　大気汚染訴訟は、1990 年代に入って順次、和解解決を迎えていく。その過程で、被害者原告らは、被告企業から得た和解金の一部を地域のために拠出し「環境再生のまちづくり」へと足を踏み出した。これは主に都市地域で、住民など地元主体が中心となって公害・環境問題の解決を図り、破壊された地域環境・地域社会を再生し、維持可能な地域をめざすことを意味する（除本・林編著，2013，10 頁）。公害被害者たちは、自らが受けた被害への償いとして得た和解金を、このような公共的目的のために使おうと決めたのである。

　「環境再生のまちづくり」の先駆けとなったのが、大阪市西淀川区の公害患

表 2-1　四日市訴訟後における各地の大気汚染訴

	第 1 次提訴	被告	和解日
千葉	1975.5.26	川崎製鉄	1992.8.10
大阪・西淀川	1978.4.20	関西電力ほか企業 10 社、国、阪神高速道路公団	企業　1995.3.2 国・公団　1998.7.29
川崎	1982.3.18	日本鋼管ほか企業 12 社、国、首都高速道路公団	企業　1996.12.25 国・公団　1999.5.20
倉敷	1983.11.9	川崎製鉄ほか企業 8 社	1996.12.26
尼崎	1988.12.26	関西電力ほか企業 9 社、国、阪神高速道路公団	企業　1999.2.17 国・公団　2000.12.8
名古屋	1989.3.31	新日鉄ほか企業 11 社、国	2001.8.8
東京	1996.5.31	国、東京都、首都高速道路公団、自動車メーカー 7 社	2007.8.8

出所）篠原（2002）15 頁より抜粋（一部加筆）

者会である。西淀川の大気汚染訴訟では、発生源企業との和解が1995年、国・高速道路公団との和解が1998年になされたが、それ以前の1991年に、患者会はまちづくりの提案である「西淀川再生プラン」（パート1）を発表している。そして和解金の一部をもとに、まちづくりの新たな担い手として、公害地域再生センター（あおぞら財団）が1996年に設立された。

　同じ時期に、倉敷市の公害患者会も「環境再生のまちづくり」をめざして活動を始めた。患者会は1995年、まちづくり実行委員会を組織して「水島再生プラン」を作成・公表した。これが公害訴訟の和解交渉を後押しして1996年に和解が成立し、2000年に水島地域環境再生財団（みずしま財団）がつくられた。

2）維持可能な内発的発展と「環境再生のまちづくり」

　「環境再生のまちづくり」は、公害被害地域において「維持可能な内発的発展」をめざす取り組みだといえる。宮本憲一が1980年代に提唱した内発的発展論は、戦後日本の地域開発に対する反省、とくに深刻な公害問題の発生を背景としたものである（中村，2000）。宮本は、内発的発展の「目的」「方法」「主体」を次のようにまとめている（宮本，2014，739-741頁）。

　①（目的）「環境保全の枠の中で経済開発を考え、安全で、雇用が安定し、自然や美しい街並みを保全し、住み心地よき都市（アメニティのある街）をつくり、福祉や学術・教育・文化の向上をはかる。なによりも地元住民の人権の確立が求められる」。これは、経済成長を目的とするのではなく、総合的に「生活の質」の向上をめざすことを意味する。

　②（方法）「地域内の資源、技術、伝統文化をできるだけ活かして、地域内市場を拡大し、産業開発を特定業種に限定せず、複雑な産業構成をつくり、あらゆる段階で付加価値をつけて、それを地元に還元できるような地域内あるいは広域の産業連関を図る」。これによって生じる社会的剰余を地域内で再投資する。

　③（主体）「内発的発展の主体は地域の企業、協同組合のなどの産業組織、NPOなどの社会的企業、住民そして自治体である」。とくに「自治体と民間組

織が協力するガバナンス」が重要である。

　内発的発展は、ただちに環境的に維持可能（サステナブル）ではない。つまり、内発的発展も環境破壊的になりうるから、意識的に維持可能性を追求しなくてはならない。「維持可能な内発的発展」が課題である（宮本, 2014, 738 頁, 741 頁）。

　前述した西淀川と水島の地域再生プランは、公害被害者が求める地域の将来像を示したのであり、これによって被害者の運動は、加害者との紛争の段階から、対案を提示し協働のまちづくりをめざす段階へと移行することになった。ただし、公害患者会は当事者による自助団体という性格が強く、メンバーは健康被害を受けた高齢者であるため、これまでにない活動である「環境再生のまちづくり」を進めるには、別に新たな担い手を必要とした。それが、あおぞら財団やみずしま財団のような NPO だったのである。

IV　環境再生の意義と課題

1）環境政策の新たな領域

　公害訴訟を通じて提起された「環境再生」の意義はどこにあるのか。本節では、環境政策および地域政策の観点から考えたい。

　戦後日本の環境政策の歴史を振り返れば、まず第 1 の環境政策として登場したのが、1950 年代末～ 1960 年代に顕在化した公害に対する規制や防止措置であった。これはその後、環境基本法のもとで、環境負荷の低減と表現されるようになった政策である。前述のように、当初は深刻な公害に対してきわめて無力であったが、自治体の取り組みや公害訴訟の結果、規制が強化されていった。

　環境政策の第 2 の柱は、1980 年代半ば～ 1990 年代以降に大きな課題となった廃棄物問題に対する循環政策である。これに関しては、循環型社会形成推進基本法や製品ごとのリサイクル法が制定されてきた。

　環境政策におけるこれら 2 つの柱は、汚染物質や廃棄物の「フロー」に対する政策であって、環境政策を展開する「場」の現況（「ストック」として現存する環境）が政策の前提とされていない、という問題がある。

　環境再生は、現に存在する環境条件という「ストック」を前提とする点で新たな意義を有している。歴史的にみれば、たとえばイタイイタイ病事件でも、農地の土壌復元等として環境再生が取り組まれてきた。環境法学者の淡路剛久は、こうした個別的取り組みを、環境政策の体系のなかに第 3 の柱として位置づけていく必要があると指摘している（淡路，2006）。

2）集積利益から「非経済的価値」「地域の価値」へ

　大気汚染や水質汚濁の改善、自然や生態系の回復、まちなみや景観の保全・再生など、都市や農村といった「場」の類型・条件に応じて、環境再生には多様な課題が含まれる。現代都市政策としての環境再生の意義は、「環境保全や環境回復を重視し、サステイナビリティを枠組みとしながら、ポスト工業化の課題たる都市再生を進める」という点にある（中村，2004，327 頁）。

　都市における環境再生は、都市空間を資本による集積利益追求の場とするのではなく、そこに暮らし働く人々の「生活の質」を保障する共同的条件として取り戻し、再生させることでなくてはならない。とくに水島のように公害被害を強く受けた地域では、健康や福祉もキーワードになる。

　1960 年代末ごろから、いわゆる先進諸国では、資本主義の成立とともに拡大してきた工業生産の重要性が低下していく「ポスト工業化」の傾向が明確になってきた。1950 年代以降の各国での経済成長の持続によって、1960 年代半ばには次第に生産能力が過剰となり、前述の通り経済成長は終焉に向かっていった。1973 年の第 1 次石油危機を契機として、1974 年には世界的に不況となり、各国の国民総生産の実質成長率は、戦後初めてマイナスとなった。

　そのような中で、都市発展戦略として環境再生がきわめて重要な意味をもつようになった。それはすなわち、環境の回復・保全を軸とした都市再生である（宮本，1999）。現代では、環境・文化など「非経済的価値」の側面からも地域の魅力を高めて、そこに住み働く人々の創造性を引き出し、地域経済の発展を促すという地域発展戦略が重要である。地域経済学者の中村剛治郎は、「ポスト工業化」段階の都市政策として、環境再生の意義を強調している（中村，2004，314-335 頁）。

　「ポスト工業化」段階では、知識を生み出し、育て、伝えることに関わる知識産業の重要性が高まる。新しい「成長」部門として知識産業の比重が大きくなるというだけでなく、従来からの産業部門においても、知識産業化が進んでいく。

　そもそも、人間活動の「容器」としての地域のあり方は、その中で営まれる経済活動等に大きな影響を及ぼす。だが「ポスト工業化」段階に入ると、「容器」とその中身である人間活動との間の関係性に、次の通り新たな側面が加わる。

　かつての重化学工業化の段階では、地域のあり方を規定する要因として「社会資本」が大きな位置を占めていた（宮本，1976）。工業生産の発達と大規模化にともない、用地、用水、道路、港湾といった社会資本の重要性が高まるとともに、それらを共同利用することで建設・維持費用を節約しようとする傾向が強まった。経済活動や人口が地域的に集積するのは、この費用節約を原動力としており、そのことが「集積利益」と呼ばれるものの中心をなす。企業にとっては、集積利益の享受が利潤の大きな源泉となる（宮本，1973，1980）。

　これに対し「ポスト工業化」段階になると、集積利益を求め経済活動や人口が集中・集積する傾向がなくなるわけではないが、経済活動にとっても、環境・文化など「非経済的価値」の面から地域の魅力を高めることが、非常に重要な意味をもつようになる。たとえば、知識産業に従事する人々が、地域に魅力を感じそこで働きたいと思うかは、地域経済の発展経路を左右する重大な問題である。

　こうした「ポスト工業化」の延長線上において、現代資本主義はとくに1990年代以降、「認知資本主義」（山本編，2016）と呼ばれる傾向を強めている。すなわち、資本蓄積の過程において、物質的な生産・消費が後景に退いて、非物質的な生産・消費の重要性が増大しつつある。生産・消費の対象が、使用価値（機能、有用性）から「差異」「意味」へと移行したのである。これは、大量生産・大量消費型のフォーディズム体制に対する批判を、企業が資本蓄積と矛盾しない範囲で回収し、取り込んだことによって生じた変化である（除本，2020）。

　現代では、地域・場所・空間も非物質的生産・消費の対象となる。歴史、文

化、コミュニティ、景観・まちなみ、自然環境といった「地域固有」とされる
要素が重視され、それらに基づく「差異」「意味」が、人々のコミュニケーショ
ンのなかで間主観的に構築される。「差異」「意味」とは、地域の面白さであっ
たり、特質であったり、地域の将来像（めざすべき価値）であったりする。

　こうした「地域の価値」をどうつくりあげていくのか、そのプロセスを地域
発展へとどうつなげていくかが課題となっている。前述のように主に環境の面
から地域の魅力を高めようとする「環境再生のまちづくり」は、この課題を先
取りする取り組みだったといえるのである。

V　「地域の価値」をつくる－「みずしま地域カフェ」の取り組み－

1）地域の歴史から「価値」をつくりだす

　「地域の価値」をつくるという課題に正面から取り組もうとしているのが、
みずしま財団が地球環境基金の助成を受けて2021年度からスタートした公害
資料館づくりの活動である（除本・林編，2022）。その中心は「みずしま地域
カフェ」の開催とそれを踏まえた小冊子『水島メモリーズ』の作成である。公
害経験を継承することが、この活動の眼目の1つである。

　「みずしま地域カフェ」は、住民や外部専門家などが集まって地域の歴史に
ついて学び、それを踏まえて将来のまちづくりの方向性などを語り合う場であ
る。みずしま財団が20年以上かけて築きあげてきた地元での信頼や住民との
関係性があってこそ、この開催が可能になっている。

　前述のように、「地域の価値」とは、歴史、文化、コミュニティ、景観・ま
ちなみ、自然環境などの「地域固有」とされる要素を踏まえつつ、集合的に構
築された地域の「差異」「意味」（地域の面白さ、特質、地域がめざしている価
値など）であり、広義にはその社会的構築と共同生産のプロセスであった。「み
ずしま地域カフェ」もこのプロセスの一環であり、とくに歴史的側面に着目し
つつ、水島地域の面白さや、地域のめざすべき将来像を模索しようとしている。
ただし、結論を急ぐのではなく、多くの人々がこの取り組みに触れることを通
じて、地域の面白さを探し、まちの将来について考えるきっかけをつくりだし

ていくこと、そして人々の間のコミュニケーションを活性化していくことを重視している。

　「みずしま地域カフェ」は、2022 年 11 月までに 8 回開催された（表 2-2）。事務局を務めるみずしま財団のスタッフが各回のトピックを選定し、事前の調査や関係者との調整を行ったうえで、10 名弱の参加者による聞き取りと、現地見学などを実施する。所要時間は各回 3 ～ 4 時間程度である。参加者の顔ぶれは必ずしも固定していないが、まちづくりに関心をもつ人、地元企業の現役社員や OB、大学に所属する研究者、地元紙記者などである（2022 年度からは公民館との合同開催など、開催の形態や参加者の顔ぶれに変化がある）。

　各回で得られた情報をもとに、みずしま財団が中心となって、小冊子『水島メモリーズ』（A5 判、カラー刷、16 頁）を作成する。豊富な写真とともに、開催テーマの背景となっている地域の歴史に関する解説、当日聞いた話のポイ

表 2-2　「みずしま地域カフェ」の開催概要（2021 ～ 2022 年度）

	開催日および会場	概要
第 1 回	2021 年 8 月 23 日、ニューリンデン（喫茶店）	郷土史家であった喫茶店の初代経営者の活動などについて、ご子息の現経営者から話を聞いた。また、初代経営者の遺した収集資料を見せていただき、その保存や活用などについても話し合った。
第 2 回	2021 年 10 月 26 日、岡山朝鮮初中級学校	水島が岡山県内最大の在日コリアン居住地域であったことを踏まえ、水島にある県内唯一の朝鮮学校を訪問して、校長先生から話を聞いた。また、校内の見学も実施した。
第 3 回	2021 年 10 月 28 日、常盤町集会所（水島臨海鉄道高架下）	水島が工業地帯として発展する基盤となった水島臨海鉄道の歴史について、OB と現役社員から話を聞いた。また、貨物ターミナルの見学も実施した。
第 4 回	2022 年 5 月 28 日、みんなのお家「ハルハウス」	水島で子ども食堂を運営する井上正貴さんや支援者の方々から、活動拠点である「ハルハウス」で話を聞いた。また、一緒に昼食をとりながら交流も行った。
第 5 回	2022 年 7 月 19 日、MPM Lab.（社長インタビューと現地見学は 8 月 10 日）	水島地区でもっとも歴史の長い企業の 1 つである水島ガスの OB と現役社員から話を聞いた。また後日、本社において社長インタビューを実施するとともに、球形ガスホルダー（ガスタンク）や太陽光パネルなどの見学も行った。
第 6 回	2022 年 8 月 10 日、ライフパーク倉敷	1884（明治 17）年の大水害に関する講演会を行ったあと、犠牲者が埋葬されている「千人塚」にも足を運んだ（倉敷市福田公民館人権教育講演会と合同開催）。
第 7 回	2022 年 10 月 11 日、萩原工業本社	水島に立地し、ブルーシート国内シェア 1 位の化学繊維製品メーカーである萩原工業の会長から、同社の歴史や今後の展望について話を聞くとともに、工場の見学を行った。
第 8 回	2022 年 11 月 22 日、水島勤労者福祉センター	アジア・太平洋戦争中に、軍用機を製造する三菱重工業水島航空機製作所の疎開工場としてつくられた亀島山地下工場の遺構を見学。その保存・活用を考えるワークショップを行った。

出所）筆者作成。

表 2-3　『水島メモリーズ』一覧（2021 ～ 2022 年度の発行分）

サブタイトル（刊行年月）	テーマ	扱った「困難な過去」
ニューリンデン編（2021年 11 月）	初代マスターが郷土史家であった喫茶店ニューリンデンのあゆみとコンビナート企業の社宅進出	1884（明治 17）年の大水害、水島空襲、重化学工業化による地域社会の変容
朝鮮学校編（2022 年 2月）	在日コリアンの歴史と、岡山県内唯一の朝鮮学校の由来	アジア・太平洋戦争と植民地支配、亀島山地下工場
水島臨海鉄道編（2022年 3 月）	貨物と旅客の 2 つの顔をもつ臨海鉄道、脱炭素の課題とまちづくり	水島の軍需工業地域化
水島こども食堂ミソラ♪編（2022 年 7 月）	子ども食堂とその支援者たちの物語	大気汚染公害とあおぞら学園（小児喘息特別入院施設）
水島ガス編（2022 年10 月）	三菱重工業とともに名古屋から進出してきた水島ガスのあゆみ、脱炭素の課題とまちづくり	アジア・太平洋戦争中の軍用機製造との関連、会社幹部の原爆死、戦後の大気汚染公害
萩原工業編（2023 年 3月）	岡山県南部のイグサ生産・加工の歴史、その中で地元企業が花ござからブルーシートへ事業展開したあゆみ	水島の重化学工業化と大気汚染によるイグサ生産、花ござ産業の衰退

出所）筆者作成。

ント、今後のまちづくりへの思いなどがコンパクトにまとめられている。掲載写真には往時の風景なども含まれ、倉敷市歴史資料整備室の所蔵資料や、地元の写真家から提供された作品が活用されている。『水島メモリーズ』は 2023 年 3 月までに 6 冊が発行された（表 2-3）。

　『水島メモリーズ』は各回 5000 ～ 6000 部が印刷され、倉敷市内の観光スポットや公民館などに設置（無料配布）されている。また、みずしま財団スタッフがイベントに参加した際に配布するなどして、多くの目にふれるように努めている。手にした人からは、水島と自分自身との関わり（かつて訪れた記憶、出身地としての水島の記憶など）が語られる場面も見られた。

　また、「みずしま地域カフェ」でお話を聞いた本人からも、『水島メモリーズ』の作成過程でより多くの語りが引き出されるということがあった。筆者らが、草稿の内容確認を依頼したところ、「みずしま地域カフェ」の当日は話題にのぼらなかった様々な記憶が語られ、同席していた他の住民とも、かつての水島の姿について対話が広がったのである。

　写真 1 枚をとっても、当時の体験をもつ人でなければわからないことが多く、それがのちの世代に受け渡されるには、こうした対話の機会を創出することが不可欠である。『水島メモリーズ』が発行を重ねるにつれ、地元住民が訪問客に水島地域について説明する際の資料としても活用されるようになってきてい

る。筆者らが接した場面では、説明にあたった住民が自分史を語る際、公害に
関する話題が自然な形で織り込まれていた。

2）公害経験の継承と協働のまちづくり

　こうした取り組みを重ねる中で、みずしま財団と必ずしも近しい関係にな
かった個人や団体との協働が深化しつつある。みずしま財団が事務局を務める
「みずしま滞在型環境学習コンソーシアム」は、2022 年度に観光庁看板商品
創出事業に採択され、ツアーの開発、観光案内板やマップの作成などに取り組
んだ。これは、地元住民や地域外からの訪問客に対し、公害・環境問題や地域
に関する学びのツールを提供するとともに、それをツーリズムとも結びつけて
地域活性化を図る取り組みである。

　コンソーシアムの委託を受けて、みずしま財団が観光案内板の作成を進めて
いるが、2022 年 9 月には「水島まちづくり協議会」（市民団体、商店街、自
治会、金融機関、交通事業者などで構成）の協力のもと、住民や学生によるワー
クショップを開き案内板を設置する場所を選定するなど、新たな動きが生まれ
ている。観光案内板の作成にあたっては、かつての商店街の繁栄など「光」の
側面とともに、公害などの「影」の側面にも十分目配りがなされている（2023
年 2 月、8 か所に案内板を設置）。

　2021 年度以降のこうした積み重ねを踏まえて、みずしま財団は 2022 年
10 月、暫定的なミニ公害資料館「みずしま資料交流館」（愛称：あさがおギャ
ラリー）を開設した。「みずしま資料交流館」は、倉敷公害訴訟関係を中心に
約 6300 点の資料を所蔵・公開しており、その名の通り、地域住民の交流の場
を提供するとともに、水島を訪れて学ぶ人のためのゲート施設になることをめ
ざしている。一連の取り組みが相乗することで、公害経験の継承を軸に据えた
協働のまちづくりが進展していくことが期待される（除本・林, 2023）。

VI　おわりに−持続可能な地域をめざして−

　公害の歴史を踏まえて水島地域がめざすべき目標は、脱炭素と 2050 年カー

ボンニュートラルであろう。温室効果ガスの大口排出源であるコンビナートがある地域だからこそ、脱炭素に向かって舵を切らなくてはならない。

　このことは維持可能な地域をめざすためには不可欠である。「水島再生プラン」で描かれた「安全、安心、そして健康なまちづくり」というビジョンは、人々の「生活の質」を保障する共同的条件として地域を再生させることを意味する。現在ではここに、脱炭素の取り組みをより明示的に組み込むべきであろう。

　西淀川や水島の地域再生プランがつくられた当時、工場や自動車による大気汚染公害への対策や、生活環境の改善などが前面化しており、脱炭素の課題は大きな位置を占めていなかった。しかし現在、急激な気候変動が、私たちの人権を脅かすまでに被害を拡大している。世界各地で異常気象が頻発し、氷河の融解や海水温の上昇、生態系の不可逆的変化などが進行しつつある。日本でも、毎年のように集中豪雨や巨大台風が各地を襲い、甚大な被害をもたらしている。

　こうしたもとでは、「環境再生のまちづくり」の取り組みにおいても、脱炭素の課題をより明示的に組み込む必要がある。倉敷市水島地区では、この点を含めて地域再生プランのバージョンアップが行われている。

　「水島再生プラン」作成から25周年にあたる2020年、みずしま財団はまちづくりの到達点の評価を行った。①「水島再生プラン」公表以来の環境の変化に関するデータ分析、②公害患者の思いや願いの聞き取り、③地域関係者との対話、という3つの取り組みを進め、それらを踏まえて2030年に向けた新プランと評価指標を策定したのである（傘木ほか、2021）。

　他の地域においても、このような到達度評価や、それにもとづく地域再生プランのバージョンアップなどに着手することが求められよう。また水島だけでなく他の公害地域でも、公害の経験を継承する取り組みを通じて、協働のまちづくりを深化させていくことが課題であり、この点にも引き続き注目していきたい。

引用文献

淡路剛久（2006）「環境再生とサステイナブルな社会」淡路剛久監修、寺西俊一・西村幸夫編『地域再生の環境学』東京大学出版会、1-12頁。

傘木宏夫・藤原園子・塩飽敏史（2021）「市民からの持続可能性アセスメント――水島再生
　　プランの自主アセスの取組から」環境アセスメント学会第 20 回大会報告要旨、9 月 3 日。

篠原義仁（2002）『自動車排ガス汚染とのたたかい』新日本出版社。

庄司光・宮本憲一（1964）『恐るべき公害』岩波新書。

庄司光・宮本憲一（1975）『日本の公害』岩波新書。

寺西俊一（2002）「自治体環境政策の課題と展望」寄本勝美・原科幸彦・寺西俊一編著『地
　　球時代の自治体環境政策』ぎょうせい、3-14 頁。

中村剛治郎（2000）「内発的発展論の発展を求めて」『政策科学』第 7 巻第 3 号、139-161 頁。

中村剛治郎（2004）『地域政治経済学』有斐閣。

丸屋博（1970）『公害にいどむ――水島コンビナートとある医師のたたかい』新日本新書。

宮本憲一（1973）『地域開発はこれでよいか』岩波新書。

宮本憲一（1976）『社会資本論（改訂版）』有斐閣（初版、1967 年）。

宮本憲一（1980）『都市経済論――共同生活条件の政治経済学』筑摩書房。

宮本憲一（1999）『都市政策の思想と現実』有斐閣。

宮本憲一（2006）『維持可能な社会に向かって――公害は終わっていない』岩波書店。

宮本憲一（2007）『環境経済学（新版）』岩波書店（旧版、1989 年）。

宮本憲一（2014）『戦後日本公害史論』岩波書店。

山本泰三編（2016）『認知資本主義――21 世紀のポリティカル・エコノミー』ナカニシヤ出版。

除本理史（2010）「大気汚染の削減と被害補償・救済――自動車排ガス汚染を中心に」除本
　　理史・大島堅一・上園昌武『環境の政治経済学』ミネルヴァ書房、59-79 頁。

除本理史（2020）「現代資本主義と『地域の価値』――水俣の地域再生を事例として」『地
　　域経済学研究』第 38 号、1-16 頁。

除本理史・林美帆（2023）「公害経験の継承と協働のまちづくり――『みずしま資料交流館』
　　は何をめざしているか」内田樹『多視点性と成熟――学び・交流する場所の必要性』東信堂、
　　49-68 頁。

除本理史・林美帆編（2013）『西淀川公害の 40 年――維持可能な環境都市をめざして』ミ
　　ネルヴァ書房。

除本理史・林美帆編（2022）『「地域の価値」をつくる――倉敷・水島の公害から環境再生へ』
　　東信堂。

第 3 章
新しいまちづくりのデザイン

松永桂子

I　コロナ禍で変容する都市政策とまちづくり

　新型コロナウイルス感染症は、私たちの働き方やライフスタイル、都市集中のリスク、医療のあり方など、現代社会に多くの課題を突きつけた。生命の危機だけでなく、休業や雇用不安に追い込まれ社会秩序もゆらいだ。新たな生活様式として、リモートワークの浸透やソーシャルディスタンスの確保が必要とされ、経済活動を持続させるためにも生活様式だけでなく国土・県土構造、都市のあり方、都市と地方の関係、地方分散の可能性など、あらゆるレベルで都市・地域のあり方を見直す機会になった。

　パンデミックは都市集中のリスクを顕在化させた。21 世紀に入って都市間の往来、行き交う情報量、気候変動の影響などが一気に拡大した。かつては地域の保健衛生の問題だった感染症も、新型コロナウイルスの登場により、瞬時に世界規模の問題となることを示した。これまでグローバルな移動は物流、貿易など生産物の動きを中心に見ていたが、21 世紀に入り情報と人の移動が激増している。2015 年と 2019 年の世界を行き交う情報量を比較すると、短期間の間に約 4 倍に増えたとされる[1]。衛星通信に加え高速大容量の海底ケーブル網が敷設増強されていることによる。また、世界の海外旅行者数は 1990 年には 4.4 億人だったのが 2019 年には 14.6 億人にまで増えた[2]。30 年間で約 4 倍弱にまで増えたことになる。中間所得層の旅行者数が増え、移動コストが低下したことにより海外を行き交う旅行者は増え、日本でも観光事業の活況でコロナ前までは、観光需要を中心に地域経済は地方も含め上向きであった。つ

まり、人類史からみて極めて短期間に、ヒトの移動も情報量も爆発的に膨れ上がったのであった。

　2020 年、新型コロナウイルス感染症流行と前後し、健康や衛生と都市、地域と関連させた報告書が都市計画を担当する国連機関である UN ハビタット（国連人間居住計画）と WHO（世界保健機関）により公表された。共同報告書「都市・地域計画へ健康を統合する」では、都市・地域計画、まちづくりの中に保健衛生の観点を取り入れることが、生命や健康を守るまちづくりを進める上で重要であるとともに、保健衛生を広く行き渡らせるためには多数が参加するまちづくりの中に組み入れていかなければならないとされる。都市計画はそもそも都市の衛生状態を向上させるために始まり、上下水道を分けて水質が管理され、幼児死亡率が低下し平均寿命が伸びてきたことにより顕著な成果を上げてきた。都市集中の弊害は、災害時のリスクなどからこれまでも指摘されてきたが、コロナウイルス感染症のパンデミックで保健衛生問題と都市、地域のあり方が改めて問い直されることになった。

　以前から、とくに人口減少・高齢化が社会問題として浮上した 2000 年代後半あたりから、国土構造の変化に関しては、一極集中からそれを緩和する形での分散型社会、多極構造の必要性は高まっていた。大都市集中、とくに東京一極集中は人口増加と工業化、高度経済成長とともに作り出された。人口減少に差し掛かった 10 年以上前から分散化、多極構造の議論は盛んにあり、地方創生など国家レベルで政策も講じられてきたが、現実には一極集中構造が定常的に続いてきた。政策ではどうにもならなかった分散型社会へのシフトが、ここにきて新たな動きを見せている。

　以下では、まず気候変動問題や人の移動範囲が小さくなりつつあることを踏まえ世界的な都市政策の潮流となりつつある「15 分コミュニティ」「15 分シティ」（15-minute city）を取り上げ、コロナ禍のコンパクトな都市のあり方について考えたい。さらに、分散型社会へのシフトがどのように起きつつあるのかに触れ、空き家を活用した地方のまちづくりについて、松永ゼミでフィールドワークに入っている鳥取市鹿野町の事例を紹介する。「分散」と「コンパクト」をキーワードに現代の都市と地方のあり方を共時的にみていきたい。

Ⅱ　世界的なまちづくりの兆候「15 分コミュニティ」

1）「15 分コミュニティ」とは

　世界的な都市政策やまちづくりの兆候として、生活圏と仕事圏を切り離すのではなく、歩けるまちや複合用途のまちづくりの機運が高まっている。とくに、コロナ禍を受け、世界的な都市政策として注目されるのが「15 分シティ」「15 分コミュニティ」である。

　気候変動問題を都市レベルで解消することを目的に世界各国で関心が高まり、コロナ禍で人びとの行動範囲が小さくなることにより実効性を高めつつある。リモートワーク、テレワークが浸透し、職場に出向かなくてもよいワークスタイルは暮らしやまちのあり方にも変化を与えている。以下では、コロナ禍で高まるまちづくり運動「15 分コミュニティ」に注目したい[3]。

　歩くか、自転車に乗って 15 分ほどか 20 分ほどで、全ての生活、仕事のニーズが満たされる地域の範囲が想定される。食事、買い物、公園、病院、娯楽、映画館、スポーツジム、図書館、友人・知人と会うコミュニティなど生活機能が揃う範囲がイメージされるが、職場もその圏内におさまればより理想的である。リモートワークが浸透した現在では、15 分コミュニティは生活圏としてだけでなく在宅の仕事の場も包含することになる。これまでは、通勤にともなう遠方への移動が職住を切り分けていた。24 時間のうち 1 ～ 2 時間も移動にかかっていたのが、近隣への移動、それも徒歩圏内が中心となると人の行動もまちの姿も持続性の高いものに変わっていくと期待されている。健康で豊かな暮らしを、身近なまちから創造していくことにつながる。そのため、建造物やまちのあり方も単一用途から脱却し、複合用途のコミュニティづくりが重要となる。

　C40 Cities という地域環境問題、気候変動に取り組むグローバルな都市連合がある。「だれもが健康的な暮らしを享受できる、そして持続可能な都市社会を構築するために協同すること」を宣言して発足した[4]。C40 Cities では、パリ協定をローカルレベルで推進し、健康的で持続可能な地域づくりを目指している[5]。加盟都市には 15-minute city を標榜する都市が多く、健康で豊か

な（well-being）な空間、市民だれもが家から徒歩や自転車で移動できる範囲
で、暮らしの大半のニーズを満たすことができるコミュニティの実現を掲げて
いる。脱自動車に力を入れ、市域をネットーク化し、緑のインフラを形成する
ための投資を重ねることを宣誓している。C40 Cities は 2023 年 4 月現在、パ
リ、ミラノ、バルセロナなど、世界約 100 都市のネットワークで形成される [6]。
C40 Cities メンバーの都市の規模は、世界人口の 12 人に 1 人、GDP は世界の
25％を占める。メンバーである都市の政策が地球環境に大きな影響を及ぼす
規模である。

　フランス・パリの 15 分コミュニティの取り組みは C40 Cities に影響を与え
ている。アンヌ・イダルゴ元市長は、2024 年までに誰もが 15 分圏内で仕事、
学校、買い物、公園、あらゆるまちの機能にアクセスできる都市を目指すと宣
言した [7]。2020 年 3 月におこなわれた市会議員選挙での再選に向け、大気汚
染や気候変動への対策として「自転車で 15 分の街」という新たな都市計画を
打ち出した。具体的には、駐車場の削減、歩行者天国やサイクリング道、緑地
や公園を整備し緑を増やし、子どもの登下校時には車両通行を制限し、市民の
ためのコミュニティスペースの拡充などである。より密度の高い人口の多い都
市は、歩いたりサイクリングしたり、生物多様性を再発見したりする場に変え、
通りをカーボンニュートラルの空間に変えていくことになる。

　15 分コミュニティは、経済的、社会的、文化的、行政上のサービスに、誰
もが平等に、容易にアクセスできるコミュニティ空間を創造する運動である。
車をできるかぎり排除し、歩く機会を増やし、自転車に乗る、公共交通を利
用することを提起している。また、単一用途主義の都市計画ではなく、複合
用途のゾーニングを目指す。人中心のコンパクトな暮らしを住区レベルで実
現していく。15 分コミュニティは、大気汚染による健康被害だけでなく、市
民が長時間の通勤によって抱えるストレスも改善しうるものであり、日本
の都市にとっても学ぶことは大きい。なお、メルボルンなどでは 20-minute
neibourhood と呼ばれている。

　パリでは、イダルゴ元市長は、街の空気をきれいにし、パリ市民の日常生
活を改善することを目指し、「都市の生態学的変革」を実行するとした。パ

リには8万3500台の路上駐車スペースがあるが、そのうち6万台分を撤去し、サイクリストや歩行者のためのスペースを増やした。さらに、パリ市内で2021年8月30日から、ほぼすべての道路に時速30キロの制限速度が設定された[8]。大気汚染や騒音を抑え、歩行者や自転車の安全を確保するのが目的だが、ドライバーや反対派からは不満の声も上がっており、速度制限によってラッシュアワーの渋滞が悪化し、温室効果ガスの排出量がかえって増える恐れもあると指摘されている。

　パリの15分コミュニティは、カルロス・モレノが提唱する「クロノ・アーバニズム」の考え方に基づいている。家の近くにアメニティ、仕事、買い物の場があることにより、時間との関係を変えていくことになる。町外れにショッピングモールを建設するのではなく、15分コミュニティは「ハイパー近接」を特徴とし、徒歩やサイクリングの距離内で本質的な生活ニーズへのアクセス性を高める。「クロノ・アーバニズム」は、フローニンゲンやユトレヒトなどのオランダ都市で既に標準になっている都市デザインでもある。短い移動距離で生活の質を高めていく。そのために「都市計画から都市生活計画へ」、「都市を多心都市」にしていく必要性を説いている。こうした考えは、後述するように、半世紀以上前のジェイン・ジェイコブズの都市思想に基づいている。

2）大阪にみる移動の変容

　コロナ禍により、15分コミュニティの動きはより身近にみられるようになってきた。生活・移動行動の調査からは、郊外都市から都心部への移動は減り、都市内での移動へと変化しつつあることが明らかにされている。大阪府のコロナ禍前後を比較した昼夜間人口データとメッシュ地図によると、大阪都心部は2019年と2020年と比較し昼間人口は減り、郊外の昼間人口が顕著に増加した[9]。休日の移動に着目すると、在住する自治体で過ごす人が増え、近隣市町村を超えての移動が少なくなっていた。コロナ禍を経て、歩くまちづくりを実現することの効果が示され、15分コミュニティを日本でも実現させる政策提言の裏づけともなりうる。

　表3-1は、コロナ禍において都市空間の意識変化を調査したものだが、「公

園、広場、テラスなどゆと
りある屋外空間の充実」「自
転車や徒歩で回遊できる空
間の充実」が上位に挙がっ
ている。実際、こうした意
識調査などを踏まえ、大阪
府では「まちづくりグラン

表 3-1　都市空間についての意識（充実してほしい空間）

①公演、広場、テラスなどのゆとりある屋外空間の充実	46%
②自転車や徒歩で回遊できる空間の充実	37%
③屋外で飲食やテイクアウトが可能な店舗の充実	35%
④リアルタイムで混雑状況を把握できるアプリ等の充実	33%
⑤駐車場の整備など自動車利用環境の充実	26%
⑥（屋内ではなく）屋外でのイベントの充実	16%

出所）「全国の都市における生活・行動の変化」
　　　（調査時期　2020 年 8 月 3 ～ 25 日）
　　　国土交通省都市局都市計画課都市計画調査室

ドデザイン」の中で「めざすべき都市像」において、「人中心」「ウォーカブル」
「多様性」等の視点を盛り込んだ基本目標を設定した[10]。郊外での暮らし、緑
豊かな生活空間を重視したグランドデザインとなっているのが特徴である。
　しかし、大阪府はこのように歩けるまちづくりに力を入れつつあるが、「15
分コミュニティ」を標榜する C40 Cities には参加していない。日本では東京
都と横浜市のみの参加である。気候変動問題やコロナ禍で人びとの行動範囲や
意識が変容するなか、C40 Cities では世界的な都市・地域連合のネットワーク
で、まちづくりからその課題克服にアプローチしている。国家単位ではなく、
都市・地域単位から気候変動問題や環境に負荷をかけないまちづくりを進めて
おり、その中に大阪や関西圏の自治体も積極的に入っていくことを検討しても
よいのではないか。海外の都市政策との比較材料にもなるし、世界にオープン
にすることにより大阪府・大阪市や関西の立ち位置が捉えやすくなる。

3）受け継がれるジェイコブズの都市思想

　「15 分コミュニティ」や歩けるまちづくりの理論的な背景となっているのが、
半世紀前のジェイン・ジェイコブズによる都市思想である。彼女は都市の多様
性を創出する、コミュニティ活性化のハード条件として、①「混合一次用途の
必要性」、②「小さな街区の必要性」、③「古い建物の必要性」、④「密集の必要性」
を挙げた。ジェイコブズは人口と建物を不自然な形で配置すること自体を否定
した。官僚的な操作により、人びとの流れや経済活動を生み出すことの不自然
さを説いた。そして、いろいろな用途の建物や空間、小さい街区、古い建物が
混じり合い、人が密集することにより、都市の多様性が生まれるとした。いわ

ば自然発生的な民間ベースのまちづくりを促している。

　半世紀以上を経て、さらにコロナ禍のパンデミックを人類は経験した今、ジェイコブズが示した4つの条件は、当然ながら現代の都市にはそのまま当てはまらない。密集するまちづくりは回避される時代に入り、リモートワークやオンラインでの交流や消費活動も浸透しつつある。しかし、3つの要素、混合一次用途、小さな街区、古い建物の活用（リノベーション）は、歩けるまちづくり、15分コミュニティと親和性が高いといえる。時代に合わせた柔軟な調整がまちづくりには必要である。実際、15分コミュニティを論じる際、「調律」という言葉が多用される。暮らしのリズムを見直す「調律」、コミュニティのつながりと帰属を強化する「調律」、都市の動態を改善する「調律」、土地用途の転換を恒常化させる「調律」などである。持続可能なヒューマンサイズの生活圏のまちを能動的に調律していくこと、生活領域と緑の距離を近づけていくような調律が求められよう。

　ジェイコブズは、都市やまちには開発主義の均衡ではなく、プロセス重視の自律分散が働いているとみていた。とくに、プロセスを重視する、個別事例から一般への帰納法、小さな非平均的な事象を重視する彼女の発想は古びない。コロナ禍を経て、このように都市のコンパクト化、郊外の再編などの動きがみられる。その一方で地方への移住など分散型社会の萌芽もみられる。都市だけでなく、地方も変容しつつある。それを両極からみていく必要がある。都市と地方の動きが共時的にどう共鳴しているかをみていく視点が欠かせない。

Ⅲ　空き家活用のまちづくり−いんしゅう鹿野まちづくり協議会−

1）空き家と移住者をマッチング

　以下では、2022年度の松永ゼミで参加した空き家活用のまちづくりの事例について紹介する[11]。地方や中山間地域は、人口減少・超高齢化による地域の維持が課題となっている。空き家増加が地域の大きな問題であるが、空き家を地域資源として付加価値をつけて、まちづくりにつなげている画期的な例である。

　鳥取市鹿野町の NPO 法人いんしゅう鹿野まちづくり協議会[12]（以下、まちづくり協議会）は、20 年以上にわたって移住・定住者を受け入れながら空き家活用の取り組みを重ねてきた。2001 年から活動を始めたまちづくり協議会は 2 年間かけて 20 年先の鹿野のビジョンを考えるなかで、「四季薫るまち鹿野」「鹿野祭りの似合う和風の街なみ」を標榜し、地域資源である地域の空き家を使って回遊できるまちづくりを目指していくことになった。鹿野は鷲峰山（じゅうぼうやま）を望み河内川が流れ、中山間地域といえども急峻な山間部の集落は少なく、居住地のほとんどは平地の中にある。鹿野城がまちのシンボルであり、掘割は見事な

水辺と石積みで築かれ、春は桜が咲き誇り、城下町エリアは石畳の小路、花で彩られた水路、蓮池、木造の家屋や店舗、道端の行灯などが一体となって豊かな生活空間を形成している（写真 3-1）。城下町エリアの店舗や統一された景観、赤い石州瓦が映えた町並みは、まちづくり協議会が空き家活用を手がけることにより整えられてきた（写真 3-2）。移住者や住民が料理店やカフェを営み、ゲストハウスとして再生した木造家屋も増えている。まちのあちらこちらに、地域の資源や文化を伝える風車、菅笠、野の花が彩られ、歴史的に継承されてきた町並みに彩りを添えている。手入れされているまちであることが歩

写真 3-1　まちづくりについて歩いてヒアリング
（2022 年 10 月 22 日撮影）

写真 3-2　鹿野の街並み（2022 年 10 月 22 日撮影）

くと実感できる。

　鹿野町は 2004 年 11 月の平成の大合併で 9 町村が合併し鳥取市の一部となった。2010 年には人口 4,247 人・1,420 世帯であったが、2020 年に 3,570 人・1,452 世帯であり、世帯数は微増している。人口減少率は 15.9% であるが、減少のスピードは空き家対策や移住・定住対策が功を奏して緩やかであり、近年は社会動態でみればプラスの年も見受けられ、たとえば 2019 年度はプラス 4 人であった。国土交通省の人口予測数値によれば、2020 年は 3,401 人と予測されていたので、人口減少がかなりの程度抑えられていることが分かる。

　鹿野では年々、空き家が増加し、2010 年には 92 カ所、2020 年には 173 カ所、2030 年には 248 カ所まで増えることが予測されている。まちづくり協議会が手がけている空き家はそのうちの一部である。2022 年 10 月時点でまちづくり協議会は約 40 件の空き家を管理している。主にサブリース方式で、空き家所有者からまちづくり協議会が借り、それを利用者に貸す仕組みで住居や店舗として使用されている。うち 7 件はまちづくり協議会の直営でレストランやゲストハウスとして運営・管理している。交流人口が増えることにより、ゲストハウスの数も今では 3 件に増えた。空き家は放置しておくと劣化し景観上の問題も発生し、解体となると費用も多大になる。利用希望者に貸すことにより建物は維持され、新たな交流の起点となっていく。まちづくり協議会では空き家の仕事の第一歩は片づけから始まるといい、これが一番大変な作業という。鳥取市の支援事業や各種財団の補助事業を活用しながら片づけや身の丈に応じたリノベーションに取り組んで、空き家を再生させてきた。

2）時間をかけて関係をつないでいく

　まちづくり協議会が仲介することにより、通常の不動産賃貸と異なり、所有者と利用者にとって柔軟なかたちが築かれているのがポイントといえる。所有者の意見を時間をかけて何度も聞きハードルを下げ、双方が負担の少ないかたちが選択される。年に一度、帰省したい、仏壇や家財を置いておきたいなどの要望にも応える。また、片づけや建物の不具合は所有者の負担とならないよう雨漏りや漏水など最低限だけ責任を持ってもらい、建築を学ぶ大学生なども協

力して、活かせる柱や床板なども再利用するなど費用をかけずにリノベーショ
ンをおこなっている。

　まちづくり協議会は所有者の思いを受け止め、利用希望者につなぐが、簡単
には利用希望者を決めない。希望者に対して、まず鹿野の地で何をしたいのか、
家族構成や仕事、家の条件などをじっくりヒアリングし、2回目以降もほかに
適した地はないのかを考えてもらい、その後に希望に見合った家を何カ所か案
内する。その後も店舗利用の場合は鹿野での開業の大変さを伝えるなど、地域
と所有者、利用者とを時間をかけてつなぎ、地域に入ってもらう橋渡しをする。

　空き家は住居に使用される場合が多いが、建築的に価値の高い建物はゲスト
ハウスや食事処として活用されている。これも所有者と時間をかけてまちづく
り協議会と信頼関係を築き、建築や造園の専門家と協力し、建物の維持と活用
方法を検討している。

　こうした空き家活用の取り組みと合わせて、多様なイベントによる交流事業
が展開されていることも特徴である。小学校をリノベーションした「鳥の劇場」
は秋に演劇祭を催し、国内外から多くの演劇関係者が集まる。それに合わせて
「週末だけのまちのみせ」が開かれ、空き家を活用し 60 件以上の出店がある。
このイベントをきっかけに開業につながるケースもあり、イベントがインキュ
ベーションの役割を果たして
いる。さらに、中山間地域に
ある河内地区では耕作放棄地
を果樹園として再生させ、大
学生らが積極的に企画に携わ
る「果樹の里山まつり」も開
かれ、近年は城下町エリアだ
けでなく、中山間地域の集落
にも波及させていくことにも
力を入れている（写真 3-3、写
真 3-4）。

写真 3-3　石窯ピザづくりにも挑戦
（2022 年 10 月 22 日撮影）

3）大学生が感じた鹿野のまちづくり

2022 年 10 月、松永ゼミでは「果樹の里山まつり」に参加した。城下町エリアの街並み再生、空き家活用、中山間地域の耕作放棄地の再生の取り組みに触れ、学生たちは生きたまちづくり・地域再生に触れた。後日、参加者全員にレポートを書いてもらい、そ

写真 3-4　果樹の里山まつりで手伝い
（2022 年 10 月 23 日撮影）

れをひとつの冊子にまとめ、まちづくり協議会に受け渡した。その学生らのレポートの中からいくつか紹介したい [13]。

「鹿野の町を歩いて最初に感じたことは、町の隅々まで配慮が行き届いているということです。カーブミラーがこげ茶色に塗装されていたり、水の流れを美しく見せるために水路に石が敷かれていたり、また水路に瓦を入れて水の音を楽しめるようにされていたり、町中にあるガスボンベが木の柵で囲まれていたりと、風情ある街並みを守るための様々な工夫が施されていました。

・・・もう一つ、私が鹿野町にいる間に強く感じたのは、地域住民のつながりが深いということです。町を案内してくださった方が、道ですれ違う方々と顔見知りだったり、果樹の里山祭りに来られた地域の方が、開催者側の地域の方と知り合いだったりといったように、その地域で暮らす人々の関わり合いが非常に活発であるという印象を受けました。これは、人口の多い都市部ではなかなか味わうことのできない、鹿野ならではのあたたかさではないでしょうか。地域住民が密接に関わっているからこそ、地域への愛着が深まり、『地域を維持しよう』という思いも強まるのだと思います。」（3 年 宮尾侑希）

「鹿野では空き家所有者とまちづくり協議会の間にサブリース契約が結ばれ、空き家を活用した店舗やゲストハウスの運営が行われている。一般的にサブリースとは、不動産

会社が物件所有者から物件を借り受け、一定の賃料を支払いながら利用者の募集から管理業務まで全て行うサービス形態であるが、この町では長い時間と地道な労力の積み重ねによって町民との信頼関係を築いているまちづくり協議会がその役割を担っている。物件所有者にとっては持て余している空き家の管理を任せられる上に、使用料を受け取ることが出来るのに対し、まちづくり協議会からすると借り受けた物件に必要なリノベーションを行うことで建物を新築することなく、安価に利用者に貸し出し、景観を崩さずにまちづくりを行うことが可能になる。双方にとって WIN-WIN な契約と言える。そして私がもう1つ印象に残ったのは小林さんが仰っていた、まちづくりへの向き合い方である。『この活動はボランティアとは違う』という言葉は聞いた直後の私にはよく分からなかった。その後の小林さんのお話を聞いて改めて考え直してみると、ボランティアのなんとなく参加しよう、参加しなければならない暗黙の了解があるからという考え方は無く、本当に町のために働きたい、よりよい町へと発展させたいという目的意識を込めた言葉であったと思われる。」

（3年 原田将輝）

「今回直接訪問したり、関わらせていただいたりした事例が二つある。一つは、廃校になった小学校と幼稚園を野外劇場として利用し活動しておられる『鳥の劇場』という劇団である。この劇団は、海外の劇団とコラボレーションしたり、子どもたちが表現の仕方やアートを学べる授業を実施したり、『鳥の演劇祭』というイベントを開催したりして、コロナ以前は積極的に外部から人を呼び込み、関係人口を増やしてきたそうだ。さらにもう一つの事例は、今回私たちが参加させていただいた『果樹の里山まつり』である。空き家を拠点に山間部でイベントを開くことで、来場者は農作物の購入やそれらの食材が使用された食事を楽しむことや、フットパスで自然資源や地域の歴史を知ることなどを通して、山間部の地域に関心を持つことが出来る。関係人口を増やすにはまず関心を持ってもらうことが必要だと考えるので、こういったイベントは地方の発展に良い影響をもたらすことが期待できると考えた。」

（3年 野口愛湖）

このように、鹿野は空き家活用をつうじて街並みや風土、文化を継承していくと共に、まち自体が交流の場としてのプラットフォームとなり進化を遂げてきたことがわかる。住民発で始まったまちづくりは20年の取り組みを経て、

移住者や若者、他県の大学生らが共に鹿野のまちづくりに関わる土壌を醸成させている。訪問したゼミ生らも実際に現地の変化を当事者から聞くことによって地域の課題と解決策、その効果を理解した。やはり「現場に解あり」である。今後も鹿野の活動にゼミで関わる予定にしている。一歩踏み込んで、「週末だけのまちの店」のイベントで空き家を活用し、なにかしら小商いの試みをすることを考えている。学生らの活躍を期待したい。

IV　おわりに－当事者としてまちづくりに関わる－

　地方の過疎は都市の過密とコインの裏表である。まちづくりといえども、双方でそのあり方は大きく異なる。抱える問題が異なるが、都市と地方を分断させて捉えるのではなく、個別のケースから何が読み取れるか、地続きとなる事象を往還し捉える視点が求められる。コロナ禍を経て、分散型社会の進展と同時に、都市の多心化・コンパクト化、「15分コミュニティ」や歩けるまちづくりの機運の高まりなど、さまざまなレベルで地域やまちが共時的に変容している。そうした変容の過程を共進の視点で読み解いていくことがますます重要になりつつある。

　人口減少や地域の機能が衰退する中で、内発的に地域を維持していく取り組みは多様な方法があり、各地で実践知が蓄積されつつある。なかでも地方では空き家の増加が問題となるなか、面として町並みを保全しながら、移住・定住者を受け入れていく仕組みを整えていくことが地域を維持していくことにつながる。長期間の取り組みを通してみえてくるのは、古い建物をリノベーションして保全することにとどまらず、移住者や出店者、あるいは大学生らが当事者としてまちに関わり、常にまちを手入れしていきながら多様な交流を生む流れをつくっていくことである。その意味で、学生らがまちづくりに関わることは生きた公共経営の学習の場になりうるだろう。

付記
　本章のIとIIは、松永桂子（2021）「分散とコンパクト―都市と地方の共時性―」『21

世紀ひょうご』第 31 号、pp.40-53 の一部を加筆修正したものをベースとしている。

注

1）ジェトロ『世界貿易投資報告』2020 年版。

2）国連世界観光機関『ツーリズムハイライト』2020 年版。

3）矢作編（2020）を参照。

4）C40 Cities　https://www.c40.org/citiesw（2023 年 4 月 3 日閲覧）。パリのほかにも、イタリア・ミラノ「ミラノ適応戦略 2020」やカナダ・オタワ「2025 年プラン」でも同様に、自動車交通量の減少と歩行者道路への転換、徒歩や自転車利用の推進、リモートワーク・テレワークの推進、短い街路で構成された街区に多様な都市機能や住民が集うことによるニュービジネスやスタートアップへの期待がなされている。カーボンニュートラルを都市レベルで実現させる一つの試みである。

5）パリ協定は、2015 年にパリで開かれた、温室効果ガス削減に関する国際的取り決めを話し合う「国連気候変動枠組条約締約国会議 (通称 COP)」で合意された協定。55 カ国以上が参加することと、世界の総排出量のうち 55％以上をカバーする国が批准することが発効条件とされた。1997 年に採択された「京都議定書」以来となる気候変動に関する国際的枠組みであり、気候変動枠組条約に加盟する全 196 カ国全てが参加する枠組みとしては史上初となった。

6）C40 Cities の加盟都市は、パリ、ミラノ、バルセロナ、アムステルダム、コペンハーゲン、ベルリン、ロンドン、リスボン、オスロ、ストックホルムなどヨーロッパの主要都市、トロント、バンクーバー、ポートランド、ヒューストン、ロサンゼルス、シカゴなどの北米都市、ヨハネスブルク、ナイロビなどアフリカ都市、メキシコ、リオデジャネイロ、ブエノスアイレスなどラテンアメリカの都市、ソウル、横浜、北京、無錫、上海などアジア都市、メルボルン、シドニーなどである。

7）Carlton Reid, Every Street In Paris To Be Cycle-Friendly By 2024, Promises Mayor, "Forbes" Jan 21, 2020.

8）ジェトロ「ビジネス短信」https://www.jetro.go.jp/biznews/2021/09/4137eb7ff6b7dcc8.html（2023 年 4 月 3 日閲覧）

9）大阪府（2021）「新しいまちづくりのグランドデザイン有識者懇話会」配布資料。

10) 大阪府「新しいまちづくりのグランドデザイン有識者懇話会」第1〜第3回資料参照。「新しいまちづくりのグランドデザイン有識者懇話会」（座長：橋爪紳也 大阪公立大学教授）に筆者も委員として参加した。グランドデザインでは「めざすべき都市像」において、「人中心」「ウォーカブル」「多様性」「健康寿命」「安心・安全」等の視点を重視した目標を設定しているのが特徴である。「15分コミュニティ」についても議論を交わした。

11) いんしゅう鹿野まちづくり協議会の活動について、2022年10月22-23日に松永ゼミの学生らも収穫祭のイベント「果樹の里山まつり」に参加した。ゼミの2〜4年生、院生、計13人が大阪国際大学の久保由加里ゼミと共に参加し、事務局長の小林清氏や向井健太朗氏、平賀謙太氏、理事長の佐々木千代子氏にお世話になった。これまでの歩みなどいんしゅう鹿野まちづくり協議会編（2021）を参照。

12) 鳥取市鹿野の空き家活用のまちづくりについては、松永（2023）第7章4で考察している。詳細はそちらを参照されたい。

13) 学年は2023年度のもの。ゼミに入る前の2年生有志も参加した。

引用文献

いんしゅう鹿野まちづくり協議会編（2021）『地域の未来を変える空き家活用―鹿野まちづくり20年の挑戦―』ナカニシヤ出版。

松永桂子（2023）『地域経済のリデザイン―生活者視点で捉えなおす―』学芸出版社。

矢作弘編（2020）『コロナで都市は変わるか―欧米からの報告―』学芸出版社。

詳しく知るための文献

小松理虔（2021）『地方を生きる』筑摩書房。

松永桂子（2015）『ローカル志向の時代―働き方、産業、経済を考えるヒント―』光文社。

松永桂子（2023）『地域経済のリデザイン―生活者視点で捉えなおす―』学芸出版社。

Jacobs, J., The death and life of great American cities, Vintage Books, 1961（ジェイン・ジェイコブズ著，山形浩生訳『アメリカ大都市の死と生』鹿島出版会，2010年）。

Jacobs. J., Cities and the Wealth of Nations: Principles of Economic Life, Random House, 1984（ジェイン・ジェイコブズ著，中村達也訳『発展する地域　衰退する地域―地域が自立するための経済学―』筑摩書房，2012年）。

第4章
産業立地論と公共経営

鈴木洋太郎

　大阪公立大学商学部の公共経営学科には、「地域性」や「社会性」が強い分野の様々な科目があるが、産業立地論もその1つである。本章では、産業立地論とはどのような学問なのかを説明するとともに、産業立地論の観点から公共経営について論じてみる。

I　産業立地論とは何か

1）産業活動の地理的な側面

　私たちが生活している地域社会は、自動車産業や家電産業、外食産業、コンビニ産業など様々な産業活動（ビジネス分野）によって成り立っている。産業立地論は、産業活動の地理的な側面に注目しながら、ビジネスに関する諸問題について研究する学問である。たとえば、「自動車産業の世界的大企業であるトヨタは、なぜ愛知県豊田市に多数の工場を集中しているのか」、「コンビニ産業では、セブンイレブンやファミリーマートなど同じ企業の店舗がすごく近くに立地しているが、それは無駄じゃないのか」など、地理的な側面からビジネスの問題を考えるのである。産業立地論は地理学・経済学・経営学をまたがったユニークな学問であり、産業立地論を学ぶと、ビジネスや地域社会を発展させるためのヒントや課題が見えてくる。

2）産業集積

　産業活動が特定の地域に集中的に立地する現象は「産業集積」（または「産

業クラスター」）と呼ばれるが、産業
集積も産業立地論の主な研究テーマ
の 1 つである。たとえば、自動車産
業集積は、図 4-1 のように示すこと
ができる。丸で囲んだ特定の地域（愛
知県豊田市など）に、自動車の組立
工場や部品工場が立地するとともに、
こうした工場設備をサポートする拠
点など自動車関連の事業拠点が多数

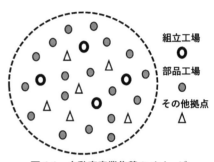

図 4-1　自動車産業集積のイメージ
出所）筆者作成。

立地することで、自動車産業集積が形成されている。見方を変えると、自動車
産業集積には、トヨタのような大手組立メーカーだけでなく、各種の部品メー
カーや自動車関連企業がその事業拠点を集中的に立地していると言える。

　産業集積が形成するのは、企業が事業拠点を集中的に立地することにより、
メリット（利益）が発生するためである。産業立地論の基礎を作ったウェーバー
は、産業集積により、交通・通信・電力・水道などのインフラストラクチャー
（社会的生産基盤）が充実し、また部品メーカーなどの関連の企業群が集積す
ることで、生産費用が低減することを述べている（Weber 1909）。また、ヴァー
ノンとフーヴァーのニューヨーク大都市圏の産業集積研究によると、関連の企
業群との対面接触が新製品開発で有利となるなど「外部経済上の利益」が発生
するのである（Hoover and Vernon 1959; Vernon 1960）。

　自動車産業集積でも、上記のような生
産費用低減や新製品開発でのメリット
があると考えられるが、組立工場と部
品工場が地理的に近接していることで、
必要な部品をタイミング良く供給する
「ジャスト・イン・タイム」物流が行え
ることもメリットである（図 4-2 を参
照）。いいかえれば、自動車産業集積に
おいては、部品のサプライチェーン（供

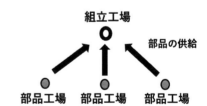

※必要な部品をタイミング良く供給する
　「ジャスト・イン・タイム」物流

図 4-2　自動車産業集積と部品のサプラ
イチェーン
出所）筆者作成。

給網）が効率的に構築されているのである。

3）商業・サービス業における産業集積

　産業集積は、自動車産業のような製造業だけでなく、商業・サービス業でも見られる現象である。ショッピングセンター（ショッピングモール）には、様々な種類の小売店舗が多数立地しており、ゲームセンターや映画館などのサービス業の店舗が立地することも多い。このように商業・サービス業の店舗が集中的に立地していることで、消費者が1か所で様々な買い物やサービス購入ができる「ワンストップショッピング」の利益が発生する。

　また、コンビニ産業や外食産業などでは、ご存知の通り、特定の地域に多数の店舗が立地する傾向がみられる。実は、コンビニ店舗で販売している弁当やおにぎりは、専用食品工場で集中的に作られており、そこから地域内の各店舗へと供給されている。多額の建設費用がかかる専用食品工場を設置するためには、特定の地域に多数の店舗を立地させることが必要となるのである。外食産業でも、専用食品工場（外食産業では、セントラル・キッチンと呼ばれる）で料理の基本的な調理を行い、レストラン店舗では、温める、盛り付けなどの簡単な調理で済ますことが多い。つまり、図 4-3 に示されるように、コンビニ産業や外食産業では、食品のサプライチェーン（供給網）の効率性のために、企業が特定の地域に集中的に多店舗展開するのである。こうした立地戦略（ドミナント戦略）のメリットとしては、サプライチェーンの効率性に加えて、地域内のどこでも店舗が目に入ることによる、広告宣伝効果も考えられる。

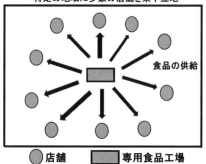

図 4-3　コンビニ産業や外食産業などでの店舗立地のイメージ
出所）筆者作成。

4）都市圏の中心部と郊外での産業立地

　産業活動の地理的・場所的側面としては、都市圏の中心部（都心部）に立地しているのか、または都市圏の郊外に立地しているのか、という視点も重要である。

　都市圏の郊外は、中心部に比べて土地費用（地価）が安いため、ショッピングセンターのような大型商業施設を建設しやすい。だが、中心部から遠すぎると交通面で不便であるため、一定の距離（10km程度）離れた場所が望ましい。

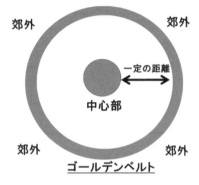

図 4-4　都市圏の中心部と郊外での産業立地
出所）筆者作成。

こうした大型商業施設の立地に適した場所は、「ゴールデンベルト」とも呼ばれている（図4-4を参照）。ただし、近年における都心部の再開発を背景として、郊外だけでなく中心部での大型商業施設の建設も目立ってきている。

　同じ種類の産業活動でも、都市圏の中心部に立地する場合と郊外に立地する場合では、活動内容などが異なることがある。たとえば、外食産業（コーヒーショップ）のスターバックスの店舗は中心部に立地しているが、コメダ珈琲の店舗は主として郊外に立地している。スターバックスの店舗は比較的小型であり、自分で飲食物をテーブルに運ぶセルフサービス式となっている。一方で、コメダ珈琲の店舗は比較的大型で、レストラン型のテーブルサービスが行われている（コーヒーの価格はコメダ珈琲のほうが高い）。こうした違いを発見することも、産業立地論を研究している者にとっては興味深いと言える。

Ⅱ　産業立地論におけるキーワード
─企業の立地行動と地域社会の立地環境─

　産業活動がどこに立地するのかは、自動車産業のトヨタやコンビニ産業のセブンイレブンのような、産業活動の担い手である企業が決めるわけだが、企業は立地場所としての環境条件（「立地環境」）が良い地域を選ぶことになる。つ

まり、産業立地は、「企業の立地行動」により決まるものの、「地域社会の立地環境」に大きく左右されるのである。産業立地論の研究において、産業活動の地理的側面からビジネスの問題を考える際に、企業の立地行動と地域社会の立地環境といった2つのキーワードを使うことが有用である。

　地域社会の立地環境には様々なものがあるが、代表的なタイプとしては、購入者が多数存在するなどの「市場面（需要面）の立地環境」、モノやサービスの生産・供給が行いやすいなどの「生産面（供給面）の立地環境」が挙げられる。ただし、自動車産業にとって重要な立地環境とコンビニ産業にとって重要な立地環境は異なるため、地域社会の立地環境は具体的には産業活動ごとに把握する必要がある。

　自動車産業にとっては、すでに見たように自動車産業集積が生産費用の低減や「ジャスト・イン・タイム」物流などを可能にするため、生産面（供給面）の立地環境として産業集積形成が非常に重要である。市場面（需要面）の立地環境も無視はできないが、生産面（供給面）の立地環境として交通インフラ（高速道路や港湾など）が整備され、自動車を日本国内や海外の主要市場へ輸送がしやすいことのほうが重要であろう。

　一方、コンビニ産業にとっては、購入者が多数存在しない地域には多店舗展開することができないため、各地域における市場面（需要面）の立地環境を見極めることが重要である。また、関東地域と関西地域など地域によって購入者の食についての好みが異なるため、こうした点でも市場面（需要面）の立地環境を把握することが必要となる。

　企業は、以上のような地域社会の立地環境のもとで、工場や店舗など事業拠点をどこに立地するかを決めるとともに、立地環境に合わせてモノやサービスの生産・供給のやり方などを改善していく。企業の立地行動には、前者のような「事業拠点の立地選択」だけでなく、後者のような「立地環境への適応」も含まれる。都市圏の中心部に立地する場合と郊外に立地する場合では、同じ産業活動でも活動内容が異なることを述べたが、このことは中心部の立地環境（地価は高いが人通りが多いなど）と郊外の立地環境（地価が安く広い土地が入手しやすいなど）にそれぞれ適応した結果だと考えることができよう。

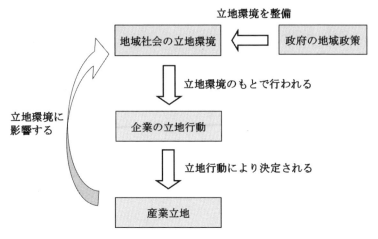

図4-5　企業の立地行動と地域社会の立地環境

出所）筆者作成。

　企業の立地行動と地域社会の立地環境の関係は、図4-5のように示される。地域社会の立地環境が良好であるならば、企業の立地行動が促進され、様々なビジネス分野において産業立地も活発に行われる。また、そのことが地域社会の立地環境に好影響を与える。だが逆に、地域社会の立地環境が良好でないと、企業の立地行動が進まず、産業立地も不十分な状況になり、地域社会の立地環境をさらに悪化させる。こうした悪循環を断ち切るためには、政府（国や地方自治体）の地域政策によって、地域社会の立地環境をより良いものに整備することが重要である。

　地域社会の立地環境の整備として、具体的には、交通インフラのようなインフラストラクチャーの整備、企業誘致やベンチャー企業育成のための各種支援策の実施などが挙げられる。ただし、前述したように、産業活動の種類によって重要な立地環境は異なるため、政府の地域政策では、どのような産業をターゲットにして立地環境整備を行うのかも検討課題となる。なお、特定の産業をターゲットとした立地環境整備は、「産業立地政策」と呼ぶこともできる。

Ⅲ　産業立地と公共経営

1 ）産業立地論の観点からの公共経営

　本書の序章で説明したように、公共経営とは、狭い意味では「公共部門（主に行政機関）のマネジメント」であり、広い意味では「公共性のあるマネジメント」である。地域社会の発展をサポートする政府の地域政策は、公共部門のマネジメントとして非常に重要であり、政府の地域政策（特に産業立地政策）に関する産業立地論の研究は、公共経営における主要な研究分野であろう。だが、現代の企業の多くは、CSR（企業の社会的責任）や SDGs（持続可能な開発目標）を視野に入れて活動しているため、政府の地域政策以外でも産業立地論の研究は公共性のあるマネジメントに密接に関係している。

　産業立地論の観点から公共経営をとらえると、企業の立地行動と地域社会の立地環境といった産業立地論の 2 つのキーワードから、公共経営を分類することも可能であるだろう。つまり、「企業の立地行動に関する公共経営」と「地域社会の立地環境に関する公共経営」に分けて考えることができる。企業の立地行動に関する公共経営は、企業の地域社会との共生のためのマネジメントであり、事業拠点が立地する地域社会に配慮することや、地域社会に根付いた活動を行うことなどである。また、地域社会の立地環境に関する公共経営は、地域社会の立地環境をより良くするためのマネジメントであり、政府の地域政策だけでなく、地域社会の構成メンバーである「産学官民」の様々な連携なども含まれる。

　企業の地域社会との共生のためのマネジメントについて、より具体的には、次のような事例が挙げられる。地域社会に根付いた活動に力を入れている、都市圏郊外のショッピングセンターでは、地域住民の交流促進など「地域コミュニティづくり」のため、商業施設内部にコミュニティスペースを設けるとともに、地元の学校生徒の発表イベントなどを定期的に開催している。また、地域住民への医療充実のために、商業施設内部に各種の医療機関を集積させる「クリニックモール」を設置しているケースも見られる。

　環境問題やエネルギー問題、少子高齢化問題など現代の地域社会が抱える様々な課題を解決することは企業のビジネスチャンスにもつながるが、こうした課題解決型ビジネスを推進することも、広い意味では、企業の地域社会との共生のためのマネジメントと言えるだろう。たとえば、大阪に本社がある日立造船は「ごみ焼却発電プラント事業」の世界的な企業であり、その事業は、地域社会（特に大都市）におけるごみ処理問題とエネルギー問題の解決に寄与しているのである。大阪市のベイエリアにある「舞洲工場」は、環境保護建築で有名なウィーンの芸術家がデザインした斬新でカラフルな建物であるが、これも日立造船が手がけたプラントである。プラントの内部では、巨大な縦穴から大型クレーンがごみを引き上げており、圧巻である（写真 4-1 を参照）。

　地域社会の立地環境をより良くするためのマネジメントは、前述したように「産学官民」といった産業界（各種の産業活動を担う企業）・学校（大学など教育・研究機関）・官公庁（地域政策を担う国・地方自治体）・民間（地域住民・各種の非営利組織）の様々な連携によっても行われる。そのため、企業の地域社会との共生のためのマネジメントが、地域社会の立地環境をより良くするためのマネジメントの一部として役割を果たす場合もある。

写真 4-1　ごみ処理発電プラント「舞洲工場」の外観と内部
出所）筆者撮影（2018 年 3 月）。

２）国際的共生の視点

　ところで、大企業だけでなく中小企業もその事業拠点を海外（特にアジア新

興国）に設置するケースが増えてきており、産業立地論でも企業の国際的な立地行動や海外地域の立地環境を研究することが重要になっている。産業立地論の観点からの公共経営としては、日本と海外の地域社会がともに発展していく「国際的共生」の視点も必要であろう。

　日本企業が事業拠点をアジア新興国に立地することで、経済成長を続けるアジア新興国の活力を日本の地域社会に取り込むことができれば望ましいが、中小企業の場合は、資金面や人材面の不足で海外進出を躊躇することもある。そのため、政府の地域政策として、中小企業の海外進出支援を行うケースも見られる。たとえば、近畿経済産業局などの支援により、関西地域の中小企業のベトナム進出を促進する「Kansai Supporting Industry Complex」（「関西モノづくりネットワーク」とも呼ばれる）の取り組みが行われている。これは、ベトナムのホーチミン大都市圏郊外にある工業団地に中小企業向けのレンタル工場を多数設置することで、現地に日系中小企業の産業集積を形成しようとする試みである。なお、ベトナムの地方自治体は、部品産業（サポーティング産業）の発展のため、日系中小企業の工場誘致に熱心であり、上記の取り組みでは日本とベトナムの政府間連携もなされているため、ベトナムに特化した海外進出支援となっている。写真 4-2 は、上記のベトナムの工業団地と（そのレンタル工場棟の）Kansai Supporting Industry Complex の看板の写真である。

　また、アジア新興国の地域社会は、急速な工業化や都市化に伴って、環境問

写真 4-2　ベトナムの工業団地と「Kansai Supporting Industry Complex」の看板
出所）筆者撮影（2016 年 11 月）。

題やエネルギー問題などが深刻になりつつあり、こうした課題に早くから取り
組んできた日本の知識・ノウハウを課題解決型ビジネスとして、日本からアジ
ア新興国へと展開することが有望である。課題解決型ビジネスである、日立造
船のごみ焼却発電プラント事業も、アジア新興国へと展開して、成功している
のである。

　以上、できるだけ具体的な事例を紹介しながら、産業立地論とはどのような
学問なのかを説明するとともに、産業立地論の観点からの公共経営についても
論じた。本章の読者に、産業立地論や公共経営について、少しでも興味をもっ
てもらえたなら幸いである。

引用文献

Hoover, E.M. and Vernon, R.（1959）*Anatomy of Metropolis*, Harvard University Press.（蠟
　　山政道監訳『大都市の解剖』東京大学出版会，1965 年）

Vernon, R.（1960）*Metropolis 1985*, Harvard University Press.（蠟山政道監訳『大都市の将来』
　　東京大学出版会，1968 年）

Weber, A.（1909）*Über den Standort der Industrien, 1. Teil.* Verlag von J.C.B.Mohr.（篠原泰
　　三訳『工業立地論』大明堂，1986 年）

詳しく知るための文献

川端基夫（2013）『立地ウォーズ：企業・地域の成長戦略と「場所のチカラ」』（改訂版）新評論。

鈴木洋太郎（2009）『産業立地論』原書房。

鈴木洋太郎（2018）『国際産業立地論への招待：アジアにおける経済のグローバル化』新評論。

第5章
大都市衰退地区の再生
―ロンドン東部を事例として―

藤 塚 吉 浩

I　インナーシティ問題

　大都市の都心は、都市を代表する経済的な中心地である。大都市の都心のなかでも最も交通の便利の良いところには、銀行や金融機関が集まるとともに、多くのオフィスビルが集中する。また、都心にある鉄道駅付近には遠方からの顧客が集まりやすく、様々な種類の店舗のある中心商業地が形成され、大規模小売店が集まる。都心周辺部では、中心商業地に商品を供給する卸売業が集まる。また、都心の機能と関係のある軽工業の中小工場が集まる。都心周辺部に集積する中小工場の製品の基本的特徴は、需要が多種多様で変化しやすい、ファッション性の高い婦人服製造や、規格化されないものの出版・印刷業である（富田 1996）。これらの工場は、新たな需要が発生すると、外部の専門業者に依存して不足する部分を補う。

　大都市の都心周辺部では、1970 年代には人口が減少し、工場が移転して地域が空洞化するインナーシティ問題が起こった。インナーシティ問題は、ニューヨークや東京、大阪など先進資本主義国の多くの大都市でみられるが、最も早くに認識されたのは、ロンドンをはじめとするイギリスの大都市の都心周辺部においてであった。図 5-1 は、ロンドンの行政区 borough 別に人口増減率を示しているが、1971 年から 1981 年までの増減率についてみると、人口が増加したのは都心の City of London だけであり、都心周辺部で人口が 10% 以上減少したことがわかる。背景には人口と産業活動をニュータウンへ移転させて、大都市の過密を解消した政策の実施がある（藤塚, 2021）。英国環境省（1978）

は、インナーシティ問題と
して、工場等の経済活動が
失われる経済的衰退、住宅
や諸施設が老朽化する物
的衰微、貧困者が集中する
社会的不利益の集積を示し
た。インナーシティにおい
ては、エスニックマイノリ
ティの集中もある。

　インナーシティ問題を示
す指標として、1991年の
ロンドンの行政区別の失業
率（図5-2）についてみる
と、ハクニー Hackney で
22.5%、タワーハムレッツ
Tower Hamlets で 21.8% で
あり、ロンドンの失業率
11.6% よりも、東側の都心
周辺部では高い。これらの
区では、都心周辺に立地し
ていた卸売業や繊維工業、
運河沿いに立地した製材
業、エネルギー関連産業な

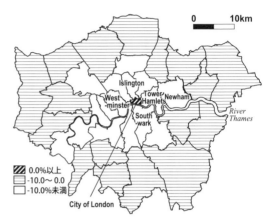

図5-1　ロンドンの行政区別人口増減率（1971～1981年）
出所）National Statistics により筆者作成。

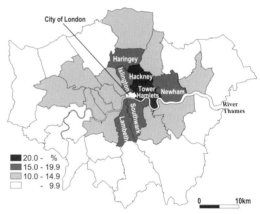

図5-2　ロンドンの行政区別失業率（1991年）
出所）National Statistics により筆者作成。

どの衰退がある。本章では、インナーシティ問題のみられるロンドン東部を事
例として、大都市衰退地区の再生について検討する。

II　スピトルフィールズにおけるインナーシティ問題

　ここでは、ロンドン東部をさらに詳しく地区 ward 別に失業率を検討する（図

5-3）。サザク Southwark
のドックヤード Dockyard
には、サリードックがあっ
た。1970 年に船の出入り
を停止し、多くの船だまり
が埋め立てられた。1980
年代には約 5,000 の住宅
が完成し、新たな住民の
来住があった（クラウト,
1997）。ドックランズの大
規模な再開発があり、テム
ズ川沿いの地域では、失業
率は低くなったのである。
1991 年の失業率では、ロ
ンドンのなかでスピトル
フィールズ Spitalfields の
33.1% が最も高かった。ス
ピトルフィールズにおい

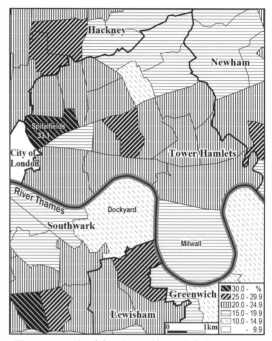

図 5-3　ロンドン東部における地区別失業率（1991 年）
出所）National Statistics により筆者作成。

て、このような状況となった歴史的背景について確認する。

　スピトルフィールズでは、1784 年にフランスから宗教的な迫害から逃れた
ユグノーが、イーストエンド East End のショーディッチ Shoreditch やスピト
ルフィールズに移住して絹織物工業を興し発展した（小森 1985）。スピトル
フィールズの南にあるホワイトチャペル Whitechapel ではスペインから移住
したユダヤ系住民が衣服製造業を発展させた。東欧やロシアから逃れてきたユ
ダヤ系住民の多くは、スピトルフィールズとホワイトチャペルに定住した。未
熟練なユダヤ系移民労働者の下請により、既製服生産が地域の中心産業となり、
他にもベルトの生産などの都市型零細工業が集積した。衣服製造業の中心はホ
ワイトチャペルで、零細な婦人・子供用衣服の製造卸売店が多かった（成田
1985）。スピトルフィールズでユダヤ系移民が行っていた衣料品取引のもう一

つの部門が毛皮業であり、1960 年代前半に毛皮業が衰退すると、中高年の毛皮職人は流行していた皮革製造業に転じた（Kershen, 2005）。

　インド亜大陸からの移民はスピトルフィールズに集中し、ユダヤ系住民が経営する衣服製造業に就業していた（小森, 1977）。1950 年代に、パキスタン政府の後押しで渡英した多くのパキスタン系住民は、既存の会社を買収し、新しい会社を設立し、皮革業は急速に拡大した。スピトルフィールズで急成長した皮革製品工場では、バングラデシュからの移民が、低賃金で未熟練な労働に就いた（Kershen, 2005）。1960 年代後半には、仕立て業や洋服業はスピトルフィールズから撤退し、不衛生な皮革製品工場が労働搾取工場となった。スピトルフィールズでは、衣料品製造業と皮革加工業が主要産業であった（Fainstein 1994）。

　1988 年の景気後退は皮革産業に深刻な影響を与え、バングラデシュ系住民の失業者を著しく増加させた（Kershen, 2005）。バングラデシュ系住民は、同じアジアのインド系、パキスタン系住民から最下層扱いされた。高率の失業下で職に就けない不満を背景に暴力事件が多発し、被害者の多くはバングラデシュ系住民であった（日本経済新聞 1994 年 8 月 7 日 12 面）。

　スピトルフィールズの地域経済に大きな影響を及ぼしたのは、トルーマン醸造所 Truman Brewery とスピトルフィールズ青果卸売市場の閉鎖であった。トルーマン醸造所は 1989 年 に閉鎖され、1,200 人の雇用が失われた（藤塚, 2023）。トルーマンは 1994 年に不動産を売却して、この地を離れたが、醸造所の煙突をはじめとした歴史的な建築物は残されている。1928 年に開設されたスピトルフィールズ青果物市場は、1991 年 5 月にレイトンへの新スピトルフィールズ市場の開設にともない閉鎖された。旧市場の周辺には多くの卸売業者が集まってい

写真 5-1　板で窓を覆われた空き家
(Fournier Street にて 1991 年 7 月 10 日撮影)

たが、それらの店舗は閉鎖された。インナーシティにおける経済状況の悪化は、建築物の状況にも影響した。

　写真5-1の中央の建物は、歴史的な建築物として指定されているが、板で窓は覆われていた。これらは歴史的な様式の4階建ての建物であり、絹を織るときに採光のために使われた、屋根面から突き出した形の窓は最上階に残っていたが、大半は荒廃していた。これらの建物は、衣料品工場の作業場として使われるものも多く、作業場は家の裏側にあり、壁に囲まれた庭は小屋や増築で覆われていた。

Ⅲ　スピトルフィールズの再生

　スピトルフィールズに残る歴史的建築物には、スピトルフィールズ歴史建築物トラスト Spitalfields Historic Building Trust の活動が大きな影響を与えた。このトラストは1976年に建築史家や保存主義者が集まって設立したものである。スピトルフィールズに所在する18世紀の建物230棟が遺産として認定されたが、1977年にはこれらの建物のうち140軒しか残っておらず、その多くがスラム街の整理や断片的な取り壊しによって失われた（Jacobs, 1996）。トラストのメンバーはこの状況を憂慮すると同時に、ジョージアン Georgian 建築（イギリスで1714〜1811年に流行した建築様式）に対する熱い思いを共有し、建物の保存だけでなく、かつての美観を取り戻したいと考えていた。たとえば、漆喰の壁に、ジョージアンの幅木（壁と床の境目に設置する木材）の輪郭を示す埃の跡を見つけると、それに合わせて新しい幅木を作らせたりした（Forman, 1989）。

　1977年から1987年までの間に、トラストは40軒近い物件を購入したが、その中には修復して再リースする物件もあれば、適切な買い手に売却する物件もあった（Jacobs, 1996）。トラストが家屋を購入していった結果、ジョージアンの細かい装飾が施されたものを購入できるほどの裕福な持ち主が住むことになった。

　スピトルフィールズには、歴史的な町並みを守るための歴史的建築物保存地

区がある。保存地区では、建築的または歴史的な観点から、建築物の外観を保存すること、または、向上させることを目標とする。

　図5-4は、1991年の歴史的建築物保存地区と2022年までに拡大した歴史的建築物保存地区の範囲を示している。図5-4中央のフルニエ通りFournier Street保存地区は、1969年7月に指定され、1978年に拡張された。この保存地区では、いくつかの住宅にオフィスの許可が出たものの、そこに住む人は107人から0人となった。衣料品会社はきわめて短期間の賃借で入居し、修理は行われず、その結果、倒壊した家もあった（Forman, 1989）。

　写真5-2の建物は、窓が壊れたり、壁面に草が生えたりしていた。店の前の通りには貨物用自動車が停められ、荷物を運ぶ労働者の姿があった。この建物は1797年に建てられたものであり、タワーハムレッツの歴史的建築物に係る補助金を利用して、1998年に修復工事が行われた（藤塚, 2023）。窓は修復され、壁面の草は取り除かれた（写真5-3）。ハンベリー

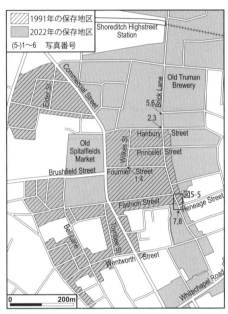

図5-4　スピトルフィールズにおける歴史的建築物保存地区

出所）London Borough of Tower Hamlets, Conservation Area の資料により筆者作成。

写真5-2　なめし革・皮革衣料品店の老朽化した建物

（Brick Lane にて 1991 年 7 月 10 日撮影）

通り Hanbury Street の隣接した建物（写真 5-3 左側）も修復された。1998 年には、ブリックレーン Brick Lane を通る自動車は乗用車が主になり、白人の男性が歩いていた（写真 5-3）。建物前面のクリーニングが行われたこともあり、ブリックレーンは明るい雰囲気に変わった。

写真 5-3　修復工事中の歴史的建築物
（Brick Lane にて 1998 年 8 月 19 日撮影）

フルニエ通り保存地区は、フルニエ通り周辺からブリックレーンを含む範囲へ拡大され、ブリックレーン・フルニエ通り保存地区となった。写真 5-4 の中央の建物は、板で窓が覆われたり、屋根が壊れたり、老朽化の著しかった建物（写真 5-1）を修復したものである。屋根裏の天井が高いマンサード屋根が復元されるとともに、外に向かって開けた窓の覆いは、高い職人技術で建てられたものであると

写真 5-4　修復されたジョージアン様式の住宅
（Fournier Street にて 2022 年 12 月 4 日撮影）

いう（西谷 2016）。また、写真 5-4 右側の家屋の 1 階には、金属製のシャッター（写真 5-1）が取り外されて、木製のものに取り替えられた。

　旧スピトルフィールズ市場 Old Spitalfields Market の建物は、建物前面が保存されるとともに改装されて、衣料品や土産物、各種料理の屋台が並ぶようになった。建物の前には象のモニュメントが置かれ、観光客に人気がある。また、旧トルーマン醸造所の建物や場所は活用され、週末にはビンテージファッションやエスニック料理の屋台が集まるようになっている。これらの場所は、若年層に人気があるとともに、多くの観光客が訪れるようになってきた。

Ⅳ　ブリックレーン商店街の変化

　スピトルフィールズの中心商店街はブリックレーンである。ここでは、景観の変化からブリックレーンの土地利用について分析する。かつてのブリックレーンは、製造、卸売、小売業、主に衣類、革製品、履物産業の小規模ビジネスが中心であり、個人向けサービスや事業所向けサービスの提供はわずかであった（Rhodes and Nabi 1992）。ブリックレーンは、スピトルフィールズだけでなく、東部の住民が買い物をする商店街であり（Forman 1989）、多種の店舗が並んでいた。写真5-5の

サリー店では、バングラデシュ製や、インド製、日本製のサリーが売られていた。サリー店の隣には、タンドリー料理のレストランもある。ブリックレーンの建物は低層で、店舗の上に住居があるところも多くあった。

写真 5-5　ブリックレーンにあるサリー店とタンドリー料理のレストラン
（Brick Lane にて 1991 年 7 月 10 日撮影）

　写真5-5のサリー店は買回品店であったが、1998年の調査ではカレーレストランになっていた（写真5-6）。ブリックレーンは、皮革衣料品店（写真5-2）をはじめ、繊維関係の店舗など多様な業種のある商店街であったが、飲食店が多くなった。スピトルフィールズには小規模で独立した店舗があり、それがオルタナティブな観光地としての雰囲気を有している（Pappalepore et al. 2010）。

写真 5-6　サリー店から替わったカレーレストラン（Brick Lane にて 1998 年 8 月 20 日撮影）

　1998 年から 2022 年までのブ

リックレーン東側のフルニエ通り
からヘニッジ通り Heneage Street
にかけての建物 1 階部分の店舗の
変化を、図 5-5 に示した。スピト
ルフィールズの南側に位置するホ
ワイトチャペルは衣服製造の中心
地であり、ブリックレーンには紳
士服をはじめとした繊維業卸売店
が多かった（写真 5-7）。1998 年
には、ハラル料理の飲食店もあっ
た。

　2022 年には、衣料品を扱う卸
売店はなくなり、飲食店が多く
なった（図 5-5）。カレーレスト
ランだけでなく、ヴィーガン料理
や中華料理などの飲食店がある。
根田（2020）が指摘したように、
ブリックレーンでは店舗が高級な
ものにかわったのである。写真
5-7 のヘニッジ通りの両側にあっ
た平屋の建物は取り壊され、4 階
建ての建物が新築され、1 階部分
には飲食店がある（写真 5-8）。新
築の建物は、周囲の建物と調和す
る屋根の形状や煉瓦を用いた壁面
となっており、歴史的な雰囲気の
ある町並み景観がつくられた。

　スピトルフィールズは 1970 年
代から 1990 年代初めにかけて衰

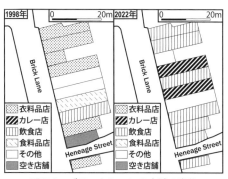

図 5-5　ブリックレーンの店舗の変化
出所）現地調査により筆者作成。

写真 5-7　繊維業卸売店と空き店舗
（Brick Lane にて 1998 年 8 月 20 日撮影）

写真 5-8　新築の 1 階に入る飲食店
（Brick Lane にて 2022 年 12 月 5 日撮影）

退していたが、ブリックレーンをはじめとした地区は再生されてきた。そのなかで現れてきた問題が3点ある。第1に、ブリックレーンのエスニック系レストランや旧市場のマーケットの人気はあるが、地域住民の多くを占めるバングラデシュ系住民の生活を支えるものではない（根田，2020）。第2に、ブリックレーン周辺では住宅価格が高騰し、2017年にはシティをも超える価格となった（藤塚，2023）。住宅価格の高騰によって、ブリックレーンの家賃を支払う余裕はないバングラデシュ系住民は、都心から離れて東へ移動することになる（Kaminer，2009）。第3に、旧トルーマン醸造所の駐車場のところにはショッピングセンターの建設計画があり、2021年に承認された。ショッピングセンターが建設されると、バングラデシュ系店舗が集積した地域の特色が失われると、バングラデシュ系住民のグループは建設反対運動を展開した。この影響については、あらためて調査する必要がある。

付記

本章は、藤塚吉浩（2023）「ロンドン東部スピトルフィールズにおけるジェントリフィケーション」『都市地理学』第18巻をもとに加筆修正した。

引用文献

英国環境省（1978）「英国におけるインナーシティ政策」『自治研究』第54巻第8号，70-90頁。

小森星児（1977）「住宅問題の社会地理学（下）」『都市問題研究』第29巻第7号，108-122頁。

小森星児（1985）「ロンドンの発展と地域構造」大阪市立大学経済研究所編『世界の大都市1　ロンドン』東京大学出版会，35-76頁。

富田和暁（1996）『地域と産業－経済地理学の基礎－』大明堂。

成田孝三（1985）「ロンドンの産業立地と政策」大阪市立大学経済研究所編『世界の大都市1　ロンドン』東京大学出版会，165-216頁。

西谷典子（2016）「英国ジョージアン様式の特徴と歩み－5分でわかるデザイン様式－」，Houzz（https://www.houzz.jp/ideabooks/75517621/list　2022年12月15日閲覧）。

根田克彦（2020）「ロンドン，タワーハムレッツにおけるブリックレーン商業集積地とタウンセンター政策」『地理空間』第 13 巻，179-196 頁。

クラウト，H. 編，中村英勝・青木道彦・石井摩耶子・小川洋子・生井沢幸子・山本 由美子訳（1997）『ロンドン歴史地図』東京書籍。

藤塚吉浩（2021）「ロンドンのインナーシティ問題」漆原和子・藤塚吉浩・松山 洋・大西宏治編『図説 世界の地域問題 100』ナカニシヤ出版，82-83 頁。

藤塚吉浩（2023）「ロンドン東部スピトルフィールズにおけるジェントリフィケーション」『都市地理学』第 18 巻，73-86 頁。

Fainstein, S. S. (1994) "Government programs for commercial redevelopment in poor neighborhoods: The case of Spitalfields in East London and Downtown Brooklyn, NY," *Environment and Planning A,* 26(2), pp. 215-234.

Forman, C. (1989) *Spitalfields: A Battle for Land*. London: Hilary Shipman.

Jacobs, J. (1996) *Edge of Empire: Postcolonialism and the City*. London and New York: Routledge.

Kaminer, T. (2009) London - East End: Expelling the slum. in J. Berg, T. Kaminer, M. Schoonderbeek, and J. Zonneveld eds., *Houses of transformation: Intervening in European gentrification*. Rotterdam: NAi Publishers, 58-71.

Kershen, A. J. (2005) *Strangers, Aliens and Asians: Huguenots, Jews and Bangladeshis in Spitalfields 1666-2000*. Oxon: Routledge.

Pappalepore, I., Maitland, R., and Smith, A. (2010) "Exploring urban creativity: Visitor experiences of Spitalfields, London," *Tourism, Culture and Communication*, 10(3), pp. 217-230.

Rhodes, C. and Nabi, N. (1992) Brick lane: A village economy in the shadow of the city? in L. Budd and S. Whimster eds. *Global finance and urban living: A study of metropolitan change*. London and New York: Routledge, pp. 333-352.

詳しく知るための文献

成田孝三（1987）『大都市衰退地区の再生－住民と機能の多様化と複合化をめざして－』大明堂。

藤塚吉浩（2017）『ジェントリフィケーション』古今書院。

第6章
新しい地域経済の姿を探る

立 見 淳 哉

I　地理の再編と斜陽地域の問題

　斜陽・衰退地域をどのように活性化していったら良いのだろうか。特に脱工業化に伴うかつての工業都市・地域の斜陽化が世界的に深刻化している。また、日本では東京一極集中の影で、農山漁村を始め地方の疲弊が問題視されてきた。これは大阪のような大都市も無縁ではない。今日のグローバル化した経済のもとで、グローバル都市や、シリコンバレーなど著名な産業集積地域をはじめとする一部の「勝ち組地域」の背後には、多くの「負けてしまった地域」の存在がある。主流の経済のもとでは、そうした後者の地域、失業者を多く抱える困難地域がグローバルな地域間競争において勝利するのは困難である。そもそもの「勝ち負け」の土俵や基準を変えなくては、展望は見えてこない。

　こうした発想に基づき、「もう一つの経済」を作ろうとする試みが 2000 年代以降、世界的に広がってきた。連帯経済 Solidarity Economy と呼ばれる潮流である。政策的には、社会連帯経済とも言う。

　現代の経済は地域間格差だけではなく、雇用を不安定化させ経済格差を広げることで暮らしの基盤を脅かすようになっている。経済が社会と対立するようになっていると言える。「経済」を重視するほどに暮らしの基盤が突き崩されるというジレンマがある。連帯経済は、経済活動そのものを社会の維持・発展、あるいはより安全で豊かな暮らしの実現に方向づけることによって、経済と社会の調和を目指している。

　経済と社会を両立させようとする試みとして、ソーシャルビジネスなどをイ

メージする人も多いかと思う。連帯経済は、そうした社会的目的を持った企業の集まりを含むのだが、それだけではない。それは、生産・流通・消費を跨ぐ一つの仕組みを持った経済として構想されている点に特徴がある。フランスでは 2014 年に社会連帯経済関連法が成立し、様々な支援や融資など制度的にも充実化が図られている。この章では、少し理論的な観点から連帯経済の特徴を考えることで、社会と調和の取れた地域経済の一つの方向性を探ってみたい。

Ⅱ　社会連帯経済とは－「もう一つの経済」－

　さて、連帯経済は、南欧やラテンアメリカを中心に 2000 年代以降世界的に広がってきた実践で、環境破壊、社会的紐帯の崩壊、不平等の拡大など、資本主義の限界を乗り越え、「もう一つの経済」を作ることをめざすものである。連帯経済では、さまざまな立場の人たちが自由に参加し、熟議（対話）する中で、「皆にとって善いもの」とは何かを探求することが出発点となる。

　「皆にとって善いもの」は、「common good」と呼ばれ、今日、連帯経済を読み解く鍵概念となっている。good という言葉には経済学で出てくる「財」のほか、日常生活でよく使う「善」という意味があるように、common good もまた二重の意味を含む。それは、共通財であり、なおかつ共通善として対話を通じて合意されるべきものでもある。連帯経済では、人々が共通善／財について対話・合意する民主的な仕掛けを準備することで、生産活動を共通善／財の維持・拡大へと方向づけることが目指されている。

　連帯経済の中身を具体的にイメージするとき、さしあたり、生協など協同組合や NPO といった非営利組織、貧困者に金融手段を提供するマイクロファイナンス、周辺地域との取引において買い叩かず適正な価格を支払うフェアトレード（公正な貿易）、社会課題に取り組むソーシャルビジネス／イノベーションなどを考えるとわかりやすいかもしれない。しかし、後述するように、連帯経済には重視されるいくつかのポイントがある。また、連帯経済というネーミングのもとに雑多な活動を単に寄せ集めたものではなく、一つの制度的仕組みを備えた経済が目指されていることが重要である。

　連帯経済は、共通善・財の生産に向けて「どのように共有するか（共通善）」、「どのように参加するか（参加型民主主義）」といったことを皆で常に考えながら、「もう一つの経済」の具体的なカタチを探る。そして、一つの「経済」であるから、生産・流通・消費の連関をどう作っていくのかといったことも重視される。共通善の実現に向けて、一人一人が自発的につながり、自由に意見を述べ合う場の存在が不可欠である。これは公共空間 espace public と呼ばれ、連帯経済においては、経済の統治にとって重要な制度となる。

　公共空間というと日本では公園のようなものをイメージするかもしれないが、ここでは誰でも自由にアクセスできるだけではなく、人々が対等な立場で意見を表明し集約させることができる場として理解しておきたい。そして、フランスの取り組みで興味深いのは、経済を担う存在である企業をいわば主要な公共空間として捉えようとしている点である。

　この点に関して、企業のガヴァナンス（統治）について、市場経済の主たる担い手である株式会社という組織との比較で考えてみよう。営利目的の株式会社であれば、株式をより多く持っている人がより大きな発言力（意思決定権）を持つ。しかし連帯経済においては、企業は、様々な関係者たちの熟議の場（公共空間）として、協同組合のように一人一票の原則で民主的にガヴァナンスされることが求められる。これは、少し硬い表現をすれば、企業を運営する権力が、分散され皆によって共有されている状態であると言える。

　こうした企業運営の違いは重要で、連帯経済（的な活動）とそれ以外の一見類似した（たとえば CSR（企業の社会的責任）や CSV（共通価値の創造）などの形をとる）活動を区別する基準となる。ある企業が再生可能エネルギーや再生素材の使用など何らかの社会課題に対応する活動を行なっていたとしても、企業内において、いわゆる「ブラック企業」や「やりがい搾取」と呼ばれる就労状態であったり、運営や付加価値の分配が民主的でなければ連帯経済には含まれない。企業経営には従業員・地域社会・顧客など非常に多くのステークホルダー（利害関係者）がいるが、彼らが何らかの形で意思決定に参加し、あるいは企業に出資し経営に参加することが連帯経済では非常に重要であり、実際にそうした制度が考案されている。協同組合会社の SCOP（スコップ）や SCIC

（シック）という組織形態がその代表格である。SCOP は日本の労働者協同組合に相当するような制度である。SCIC は、商法上は株式会社の資格を持ちつつ、ガヴァナンスは協同組合の原理を採用するというユニークなものである。公共空間としての企業の位置付けについては、連帯経済の全体像のなかでよりクリアに理解することができる。

Ⅲ　連帯経済の諸特徴

1）供給と需要の結合構築：連帯経済における経済調整の仕方

　ここで、連帯経済の全体的な図式を確認しておこう。図6-1は、連帯経済理論をリードしてきたラヴィルによる連帯経済の概念図である。これを見ると、連帯経済は政治と経済という二つの次元を含む。

　市場経済では、一般的に、自分の利益を追求する人々が、売り手あるいは買い手として市場を通じてのみ関係を持ち、価格の変化を見て独立に売り買い

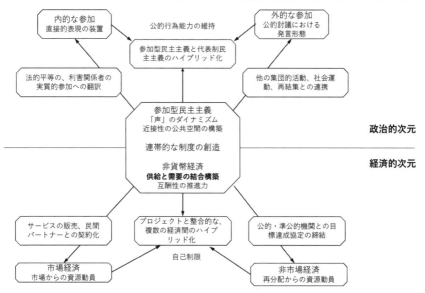

図6-1　連帯経済の概念図式

出所）Laville（2016）図4をもとに筆者作成。

の意思決定をする。これは自己調整的市場とも呼ばれる経済活動の調整方法である。そこでは、理論上、人々が連帯し社会的な利益あるいは共通善について考えるような機会は一切存在しない。

（経済調整の仕方）
市場経済＝自己調整的市場→共通善について議論・合意する機会は存在しない

　これに対し、連帯経済では、互酬性（「お互いさま」の関係）が人間行動の前提で、人々が経済の仕組みやその社会的な結果について学習し価値判断することで、共通善の拡大を目指す。自己調整的市場では、財やサービスの良し悪しを判断するための情報は価格に集約されるが、いくら機能性が高くて値段が安いものであっても、実際には児童労働やブラック企業での不当な労働によって生産されたモノかもしれない。そこでは、財やサービスの来歴をめぐるそうした質的情報が抜け落ちてしまう。これに対して連帯経済は、質的情報を共有し経済活動を「見える化」することで、経済の暴走に歯止めをかけ、共通善・財の拡大を通じて社会をよりよくしようと考えるわけである。これはいわば参加型民主主義によって経済を統治する試みであり、連帯経済において政治的な次元が重んじられる理由となっている。

　かくして連帯経済では、売り手と買い手がともに財やサービスの質 quality（＝価値）の決定に関与する過程が重視される。自身の買い物経験を思い出してもわかるように視点が違えば財やサービスの質（＝価値）は違ってくるが（服であれば機能性の点で見るのか、デザインや風合いで見るのか、気候変動問題への寄与との関係で見るのかなど）、「これはしかじかの点で共通善に貢献するから良いものだ」という質（＝価値）を判断する基準そのものを議論・共有する過程である。そして、これが、図の中心に描かれる「供給と需要の結合構築」の意味するところである。言葉は硬いが、要するに、公共空間の中で、売り手と買い手さらに広範なステークホルダーが連帯し（供給と需要の結合）、互いに試行錯誤、学習するなかで社会的課題のありかを突き止め、提供すべき価値を持った財・サービスを生産していく（構築）。かくして、前節で見たように、

連帯経済では経済の担い手である企業そのものが公共空間としての役割を果たすことが重視されるのである。

（経済調整の仕方）
連帯経済＝「供給と需要の結合構築」→売り手と買い手が連帯し、共通善に寄与する財・サービスの質（価値）を決定

　連帯経済の特徴は、これだけではない。異なる原理を持つ「経済」から資源を動員し、ハイブリッドに組み合わせて運用することもポイントである（資源のハイブリッドな動員）。「経済」というとまっさきに今日の市場経済（＝自己調整的市場）が浮かぶが、カール・ポランニーという経済人類学者がかつて論じたように、歴史的に見ると３つの経済原理があるとされる。ひとつは交換であるが、そのほかに互酬性と再分配といった原理がある。資本主義社会で支配的なのは市場交換（売買）であるが、今でも、たとえば農村社会にはお金を介さないやりとりなど互酬性の原理が残る。また、フォーディズム期の格差是正の話でも触れたように、教育や生活保障、あるいは企業・産業支援のための補助金など政府による所得再分配も一つの経済原理である。連帯経済は、相互扶助など互酬性を基本的な行動原理としながらも、市場経済での財・サービスの生産・交換やプロジェクト実行上の営利企業との連携、補助金の活用などをハイブリッドに組み合わせて一つの経済を成り立たせようとする。

2）連帯経済と共通善・財（＝コモン）の生産

　連帯経済が目指す共通善について、少し詳しく見ておこう。共通善は共通財という意味も同時に持つ言葉である。図6-2を見ていただきたい。これは実際にフランスの連帯経済のアクターによって利用されている共通善・財（common good のフランス語は bien commun である）の概念図である。共通善・財は、単に「コモン commun(s)」とも呼ばれている。

　このうち、「①資源」というのが共通財の性格を持ち、実際の生産の対象となるものである。そこには、知識、公共空間、自然、文化的景観、フリーソフ

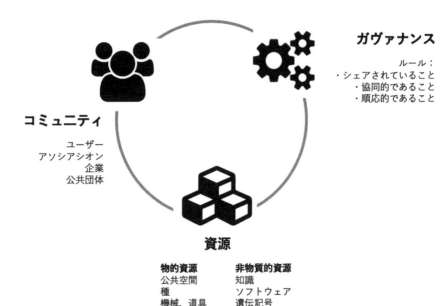

ガヴァナンス

ルール：
・シェアされていること
・協同的であること
・順応的であること

コミュニティ

ユーザー
アソシアシオン
企業
公共団体

資源

物的資源	非物質的資源
公共空間	知識
種	ソフトウェア
機械，道具	遺伝記号
等々	等々

図 6-2　共通善・財（コモン）の概念図

出所）la chambre des communs の HP（https://chambre.lescommuns.org/les-communs/ 2022/11/21 最終閲覧）より筆者作成。

ト、ポピュラー文化、ヒトゲノム（遺伝子情報）などに加え、ジェンダー間の平等や労働者の安全性など社会的権利までも含まれる。これはいずれも、共同生産・利用され、共有されることによって共通善・財として価値を持つものである。そしてこの図式に基づけば、共通善・財は、資源をめぐって価値を共有する「②コミュニティ」が形成され、連帯経済の原理で生産・利用がなされる（「③ガヴァナンス」）ことではじめて、共通善・財となることがわかる。共通善・財は、生産やそこへのアクセスの仕方を含めて成立するものとして考えられている。公共空間は、共通善・財であるとともに、その生産を成立させる条件ともなっていると考えることができる。

共通善・財（コモン）＝①資源＋②コミュニティ（≒公共空間）＋③民主的なガヴァナンス

　ここで、互酬性や共通善・財（コモン）の理解をめぐって注意しなくてはならないのは、連帯経済と伝統社会との明確な違いである。伝統社会の考え方では、一般的に、女性よりも男性に、個人よりも集団に、若者よりも年配者に優越性を与える。これは日本社会では、現在でも地域社会や会社組織において珍しくない価値観である。これに対し連帯経済は、対等で自由な個人が自律的に結合し、民主的に自治を行うことを重視する。

　さらに、シェアリング・エコノミーと呼ばれるウーバー Uber やエアビーアンドビー Airbnb とも大きく異なる。シェアリング・エコノミーとは、食事宅配サービスのウーバー・イーツのようにインターネットの専用アプリを使って、誰でも空いているモノやスキルを自由に交換したり共有できる仕組みを言う。ウーバー・イーツの宅配は、街中でも普通に見かけるようになった。しかし、それらは便利な一方で、国際レベルで社会的問題も多く指摘されている。それが、私的利益に基づく市場経済の拡大に他ならず、しかも労働法で守られた「労働者」をその対象外の低収入「個人事業主」に変えることで経済格差を助長する面も持つためである。ウーバーイーツユニオン（2019 年）など労働組合を結成する試みも開始されているが、労働法上で労働者として認められ、権利を享受することは容易ではない（2022 年 1 月 28 日付、日本経済新聞）。これに対して、連帯経済は労働上の問題を批判的に捉え、人々の連帯と、社会的権利を含む共通善・財への寄与に重きを置いた経済を目指している。

Ⅳ　連帯経済と地域経済振興 －「もう一つの地域経済」－

1）連帯経済の集積論 － PTCE －

　（社会）連帯経済は、一般的な市場経済とは一線を画する「もう一つの経済」であるが、それは何よりも近接性 proximité（近しさ）に基づき、地域に根ざした実践である。その意味で、「もう一つの地域経済」としての顔を持つ。

　なかでも、地理的近接性を意識的に盛り込んだ政策として、PTCE（ペーテーセーウー）（Pôles Territoriaux de Coopération Économique：経済協力のため

の領域拠点）（社会連帯経済関連法第9条）がある。PTCEが着想された背景には、産業政策の分野で世界的に影響を及ぼしたポーターのクラスター論や、フランスにおけるペクールらの「近接性の経済」など経済地理学の影響がある（Lacroix et Slitine, 2016）。これらは、1970年代以降に、高度成長期の「成長の極」に代表される地域開発論に代わって注目されるようになった、「ローカルな地域発展」を支える諸理論である。PTCEの説明に入る前に、この辺りの流れを簡単になぞっておくのが有用だろう。

　まず、「成長の極」とは、第二次世界大戦後の高度成長期に世界各地で展開された「地域開発」という地域振興手法を支えた基本的な考え方であり、フランスの経済学者ペルー（Perroux, 1955）によって提唱された。この基本的な考え方は、ペルーの次の言葉に端的に表現されている。すなわち、「成長は至るところで同時に生起するものではない。成長は、成長の点あるいは極において現れてくるもので、その強度もまちまちである。成長はさまざまな経路で波及し、経済全体に多様な最終効果を及ぼす」。この言葉が示すように、当時の地域開発においては、まずは成長力の高い産業（推進力産業）を振興するための工業拠点を整備し、さらに局所的に得られる成長の成果をその他地域へと波及させていくことが重視された。

　しかし、高度成長期が終焉する1970年代以降、世界の事情は一変する。工業が斜陽化し成長が止まるなかで、成長の極理論に基づく思考や政策は放棄されることになる（Benko, 1998）。これには、かつての地域開発が地域間格差を逆に助長したり、深刻な環境問題を引き起こしたことへの批判・反省もある。ベンコによると、西欧諸国ではかくして「上からの」開発モデルは終焉し、代わって、内発的発展、地域発展、下からの発展、まちづくり、自力による発展などを強調する「ローカルな発展」という考えがこの時期に登場することになる。フランスのような国では1980年代初頭の地方分権の推進を追い風に、新しい理論構築が模索される。

　この中で、1980年代の「柔軟な専門化」論に始まる新しい産業集積論が形成されていく。これにはさまざまなバリエーションがあるが、共通して、地域企業による地域資源（技術、素材、産業文化など）を活用した地域発展を重視

し、地域内外のネットワークを通じた結合とイノベーションの環境として地域を捉える。とりわけ、1990 年代以降、「産業地区」、イノベーティブ・ミリュー、地域イノベーションシステム、「生産の世界」、産業クラスター、ローカルバズとグローバルパイプライン、認知的近接性（or 距離）など、世界的に多くの理論が提起され議論が深められていった（立見，2019）。

　それらは、ローカルを基盤としたアクター間のネットワーク（クラスター）や近接性（地理的近接性 and /or 認知的近接性）が、イノベーションや新産業（雇用）創出を促進すると考える。いくつかの理論は、地域産業の競争力の育成を目指す政策の理論的な根拠ともなってきた。フランスの産業政策の領域に即せば、2005 年にスタートした「競争力の極」政策を挙げることができる。これは、主に 2000 年代に展開された日本の「産業クラスター政策」に相当するものである。「成長の極」と類似した表現で紛らわしいが、地域資源の動員やネットワーク型の組織化、イノベーションの強調といった点でかつての地域開発手法とは大きな違いがある。とはいえ、これらは主流の市場経済における産業競争力の育成、もう少し言えば地域間競争を勝ち抜くための政策である。

　これに対し、PTCE は、経済的イノベーションを促進するために練り上げられた産業集積論の知見を、社会連帯経済／ソーシャル・イノベーションの分野に応用したものである。社会連帯経済企業を中心に、中小企業、自治体、研究機関、教育機関など域内の多様なアクターが日常的に協働し、社会的・技術的に新奇なイノベーションを起こす枠組みとして構想されている。PTCE は地域のアクターが結集し協働するための枠組みであり、実際の活動領域や目的は多様である。たとえば、農業、文化、ツーリズム、リサイクル、失業対策、社会的包摂、地域活性化、競争力の強化、遺産や環境の保全など、さまざまな取り組みがある。

　PTCE においても、連帯経済を特徴づける民主的な組織ガヴァナンスが重視される。PTCE は多くは手続きの簡便さからアソシアシオン（結社：日本の NPO のような組織）として立ち上げられるが、最終的には、協同組合会社の SCIC（シック）に移行することが推奨されている。SCIC は民主的なガヴァナンスに加えて、地域内のさまざまなアクターを結集させる枠組みでもある。

SCIC には、従業員のほか、顧客・ユーザー・サプライヤーなどの利益受給者、さらに地方自治体、ボランティア、アソシアシオンなどの第三者といった複数のステークホルダーが出資するため、多様な人や組織を地域発展のもとに協力させる枠組みに適している。

2）日本版 PTCE を考える－歴史的資源を活用した観光まちづくり－

　日本ではフランスのような法制化は行われていない。しかし、連帯経済やPTCE（ペーテーセーウー）と類似する特徴を持った取り組みは芽生えつつある。特に「田園回帰」とも呼ばれるような大都市から地方に移住する動向は、しばしば共通善・財の生産を伴う点で興味深い動きである。

　たとえば、人口減少の顕著な地域で空き家を再生し古民家ホテルとして（マスツーリズムに代わる）オルタナティブツーリズムの拠点にする活動や、あるいは地域産業、たとえば林業が衰退した地域において新しい木材の評価・流通方法を創造したり、新しい山林の活用方法を考案するような活動は、さまざまな地域課題の解決に寄与するものである。移住者が雑貨屋やパン屋などの店を創業する場合であっても、地元の食材や産品を扱うことで地産地消に貢献したり、店自体が社交の場となることで地域内外の人たちのつながりの場を提供することはめずらしくない。あるいは本業以外でも地域社会の一員として地域行事の担い手になることで、地域社会／伝統的文化／文化的景観の維持・発展に寄与することがありえる。これらは、「皆にとって善いもの」、すなわち共通善・財に寄与する活動として位置づけることが可能である（立見, 2020）。

　とりわけ、PTCE のような集積（クラスター）形成を考えるとき、この10年ほどで急速な広がりを見せる「歴史的資源を活用した観光まちづくり事業」の分野の動向は示唆に富む。

　歴史的資源を活用した観光まちづくりとは、「古民家の歴史的資源を守ることから、活用することによって、地域に新しい産業を生み出すこと。そうした新しい産業が魅力となり、地域のファン、移住・定住者が増え、空き家となった古民家も住居として再活用されるといった好循環を生み出すことを目指す取り組み」（観光庁, 2021, p. 25）である。

　言い換えると、それは、人口減少・高齢化に起因する空き家（古民家）の再生という社会課題の解決を軸に、「観光」の力をうまく活用することで、地域の社会と経済を活性化する試みである。それは、地域の垣根を越えて人々の輪を繋げながら、有形無形の地域資源（農業・林業などの素材、地域文化、職人技術）のありかを発見し（集積論でいう集団学習）、地域に新しい価値を付与していく過程である。ちなみに、ここでいう価値には、日常生活で「価値あるなあ」というときの①規範的な意味での価値と、②お金で測られる市場経済的な価値の両方が含まれる。

　連帯経済との関連では、この活動の中核に、いろいろな立場の人たちの関与のもとで、「皆にとって善いもの」を特定し、事業化していく「まちづくり」の原理があることも重要である。もともとその地域に住んでいた人々、自治体、移住者、地域の企業／金融機関、主に都市部に居住しながら地域と継続的関係を持つ人たち（関係人口）など、多様な人がつながり、協力関係を育む中で地域資源の魅力（①の価値）が発見され、そして観光を軸に組織・経験されるさまざまなサービス・財（②の価値）が生み出されていく。

　さらに、この分野では、さまざまな立場のアクターが参加し合意形成をとりながら事業展開するための組織も各地で考案されつつある。一例を挙げよう。この事業の先駆的地域である、兵庫県丹波篠山市の「集落丸山」は、全12戸

図6-3　集落丸山の事業スキーム

出所）集落丸山資料より　http://www.yutakana.jp/chiiki/2010tanba/3llp.pdf（2023/4/18 最終閲覧）。

のうち7戸が空き家となった「限界集落」において、2009年、住民自身が古民家ホテルを立ち上げた事例である。集落丸山では、域外の専門家の関与のもとで、地域住民、転出者、篠山市職員がワークショップを開き、地域の魅力／課題と将来について議論を重ね、結果として、空き家を再生したホテルを自分たちの手で運営することを住民が選択するに至る。この過程を通じて、①の価値が共有されていったと言ってよい。

　事業化にあたっては、まず住民がNPO法人集落丸山を結成した上で、外部の中間支援組織である一般社団法人ノオトとともにLLP（有限責任事業組合）を結成し、役割／費用分担・収益配分などを明確化している（図6-3）。予約・接客サービスなど、ホテルの運営業務を担うのは住民が組織したNPO法人集落丸山である。集落丸山では、さらにホテルを運営する中でも訪問者との交流を通じて、地域資源の価値を発見し、景観や植生を変化させていったことも興味深い点である。たとえば、訪問者が集落丸山に自生していた在来種のニホンタンポポの存在に気が付き、住民に伝えたことで、草刈りの際に意識的に残すことで植生が変化していった。PTCEのように、受け皿となる組織がハブとなり、地域の垣根を越えた多様な人々が関係する中で、いわば関係性の集積（クラスター）が形成され、共通の価値が創造されていった事例である。集落丸山の経験はその後、ノオト（一般社団法人ノオト／株式会社NOTE）を中心に、地域を一つのホテルに見立てた分散型ホテル事業へと繋がっていく。

　より近年では、愛媛県・大洲城下町の取り組みのように、（丹波）篠山市の経験を参考にして、スピーディーかつ思い切った展開で注目を集める地域も現れている。大洲では、大洲市が、古民家ホテルの運営を手掛けるバリューマネジメント株式会社、当該分野のノウハウを有するノオト、資金提供を担う株式会社伊予銀行と2019年4月に連携協定を結び、観光地域づくり法人（DMO）（現・一般社団法人キタ・マネジメント）を設立するとともに、実際の古民家改修・賃貸・管理を行う「まちづくりビークル」と呼ばれる組織として株式会社KITAを設置する（図6-4）。自治体と地域金融機関が密に協力することで、2019年から2022年までの4年間で集中的な投資が行われ、31棟の建物が再生され、地域の雇用創出にも寄与している（71人：正規27人、非正規44人）。

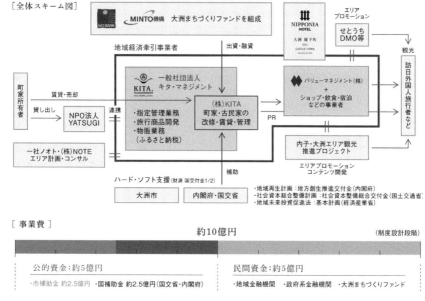

図6-4 大洲市における観光まちづくりのスキーム

出所）キタ・マネジメント発行の冊子より　https://kita-m.com/wp/wp-content/themes/machi-theme/cmn/img/common/machidukuri_2022.pdf（2023/4/18最終閲覧）。

大州における実践は、集落丸山に比べると事業規模はかなり大きいが、図6-4のスキーム図からは、法人形態は異なるものの集落丸山と同様に多様な立場のアクターが参加し、共通財の生産に向けて協力できる仕掛けとなっていることがわかる。ただし、住民参加という点では、集落丸山の方がより連帯経済の理念に近いと言えるかもしれない。

V　おわりにかえて

　産業構造の転換、より一般的には社会経済が大きく変化する中で、今後の地域発展について、どのような展望を描いていったら良いのだろうか。これは非常に大きな問題であるが、この章では（社会）連帯経済を手がかりに、これか

らの地域経済を支える新しい仕組みづくりについて考えてきた。連帯経済は、グローバル化した主流の市場経済とは異なる「もう一つの経済」を目指すが、それは何よりも近接性に基づく経済であり、「もう一つの地域経済」でもある。この点に関しては、2014年の法律（社会連帯経済関連法）でも位置付けを与えられているPTCEが興味深い制度となっている。

　PTCEは、もともと産業集積論から着想を得たものである。集積論では経済的イノベーションの促進が論点となってきたが、PTCEはその基本的なアイデアを踏襲しながら、ソーシャル・イノベーションの創出を目指す点で違いがある。本章で使用してきた言葉を使えば、それは「皆にとって善いもの」、すなわち共通財の維持・生産へと向かうイノベーションであると言ってよいだろう。

　連帯経済あるいはPTCEは、ひるがえって、通常の意味での地域経済や産業集積を研究対象とする人たちの関心もひくようになってきている。近接性学派の研究者たちとも関連が深い『地域・都市経済レヴュー *Revue d'Économie Régionale et Urbaine*』の2022年2月号では、まさに、社会連帯経済の集積化と地域経済への寄与に関する特集（"les polarisations territoriales de l'ESS"）が組まれた。これには現実の社会経済的変化が、連帯経済と通常の市場経済の垣根を下げていることも影響しているだろう。日本での類似した展開として歴史的資源を活用した観光まちづくり事業の例を紹介したが、これはそうした傾向を示す事例でもある。

　社会・経済変化の直中で地域経済の今後を展望するとき、あらかじめ定められた、確実な答えはないだろう。しかしそれでも、既存の常識にとらわれず、「もう一つの地域経済」を実践的に作り出そうとする地域から学ぶことは多い。社会と経済の調和の取れた地域発展を目指す上で、社会連帯経済の実践は一つの可能性を示してくれる。

付記

　本章のⅠからⅢ節は、次の文献に加筆・修正を施したものである。

立見淳哉（2023）「地域経済振興と社会連帯経済への期待」『おおさかの住民と自治』第116号，
　　pp.14-19。

引用文献

立見淳哉（2019）『産業集積と制度の地理学』ナカニシヤ出版。

立見淳哉（2020）「資本主義、連帯経済、そして「田園回帰」：『資本主義の新たな精神』を
　縦糸として」『iichiko』（特集　資本経済への知的資本）, (147), pp.110-127。

Benko, G.（1998）*La science régionale*, PUF.

Lacroix, G. et Slitine, R.（2016）*L'économie sociale et solidaire*, PUF.

Laville, J.-L. 2016. *L'économie sociale et solidaire: Pratiques, théories, débats*（nouvelle
　édition）. Paris: Economie.

Perroux, F.（1955）"Note sur la notion de pôle de croissance" *Économie Appliquée*, 1
　（2）,307-320.

詳しく知るための文献

小田切徳美編（2022）『新しい地域をつくる』岩波書店。

立見淳哉・長尾謙吉・三浦純一編（2021）『社会連帯経済と都市－フランス・リールの挑戦』
　ナカニシヤ出版。

第7章
中小企業と地域

本 多 哲 夫

　中小企業は地域と密接に関わっている。地域内のほとんどの企業は中小企業であり、地域の多くの雇用が中小企業によって支えられている。中小企業は地域内経済循環を促進し、地域の持続的な利益と雇用の源泉となっている。また、地域の祭り、防犯、防災等の地域社会活動を主体的に行っている中小企業は多く、地域社会とも密接な関係にある。したがって、地域の発展のためには、中小企業の発展が不可欠であるといえる。

　かつて、開発事業と大企業誘致が地域振興の中心的な手段であった。しかし、これらの地域振興策は、公共事業や企業誘致によって地域の「外」から資本を移植するという方策であり、中小企業を主軸に地域を「内」から自立的に発展させることの重要性が認識されつつある。本章では、こうした地域と中小企業の結び付きについてみていく。

I　中小企業の割合

　中小企業とはどのような企業であろうか。中小企業という場合、一般的には中小企業基本法の定義が用いられることが多い（表7-1）。この定義にあてはまる企業（＝中小企業）は、全企業の99.7％を占めている（中小企業庁編『中小企業白書2022年版』）。したがって、企業のほとんどは中小企業であるといえる。

　ただ、この定義は範囲が広すぎる印象があるかもしれない。例えば、製造業では従業員300人という比較的大きな企業が中小企業の定義に含まれている。このため、企業のほとんどが中小企業だというのは、中小企業基本法の中小企

表 7-1　中小企業基本法で定められている中小企業の範囲

業種	中小企業者の範囲
製造業、建設業、運輸業その他の業種	資本の額又は出資の総額が 3 億円以下の会社並びに常時使用する従業員の数が 300 人以下の会社及び個人
卸売業	資本の額又は出資の総額が 1 億円以下の会社並びに常時使用する従業員の数が 100 人以下の会社及び個人
サービス業	資本の額又は出資の総額が 5000 万円以下の会社並びに常時使用する従業員の数が 100 人以下の会社及び個人
小売業	資本の額又は出資の総額が 5000 万円以下の会社並びに常時使用する従業員の数が 50 人以下の会社及び個人

注）中小企業基本法では「小規模企業者」については「おおむね常時使用する従業員の数が 20 人（商業又はサービス業に属する事業を主たる事業として営む者については 5 人）以下の事業者」と定義している。
出所）筆者作成。

業の定義が「広い」からとも考えられなくはない。しかし、中小企業基本法で定義されている「小規模企業」（従業員数 20 人以下ただし商業・サービス業は 5 人以下）という、かなり「狭い」範囲で見ても、全企業の 84.9％を占めており、企業の大半が「小規模企業」なのである。このことからも分かるように、企業のほとんどが小さい企業で構成されているという実態があることは間違いない。

　では、地域レベルで中小企業の割合を見た場合、どうであろうか。例えば、都道府県レベルで見た場合、どの地域でも中小企業の割合は高いのであろうか。

　中小企業庁編『中小企業白書 2022 年版』には 2016 年の総務省・経済産業省「経済センサス・活動調査」をもとに集計した都道府県別の企業数や雇用者数等のデータが、中小企業と大企業に分類されたうえで掲載されている。これをみると、企業数（会社数＋個人事業所数）では、中小企業の割合が東京都のみ 98.9％だが、それ以外のすべての道府県で 99％を超えていることが分かる。東京都に次いで大企業が多い地域は大阪府であるが、その大阪府においても中小企業の割合は 99.6％にのぼっている。また、「小規模企業」の割合を見ても、いずれの都道府県も 80％以上を占めている。その割合が全国で最も低い東京都でも、80.6％を占めている。

　雇用数で見た場合、どうであろうか。全従業者数（会社及び個人企業の従業者総数）に占める中小企業の従業者数の割合は、全国平均で 68.8％である。

全国47都道府県のうち、この全国平均を下回っているのは、東京都（41.3%）と大阪府（66.9%）のみである。東京都と大阪府以外の道府県でこの割合を見ると、いずれも7割以上であり、9割を超える地域も多い（9割以上の地域は青森県、秋田県、山形県、山梨県、奈良県、鳥取県、島根県、徳島県、高知県、長崎県、熊本県、宮崎県である）。

　以上のように、都道府県という単位でのデータではあるが、地域レベルで見ても、中小企業がきわめて大きな割合を占めていることがわかる。

Ⅱ　中小企業の地域経済・地域社会との結び付き

　中小企業の地域における存在感の大きさは、上記のような企業数や雇用者数に端的に示されている。しかし、明確な数値として表すことが難しいものではあるが、次のような中小企業の定性的・動態的な特徴も、中小企業が地域に果たす役割の大きさを評価するうえで重要である。

　第1に、地域の持続的な利益や雇用の源泉になることである。中小企業は、次節でも見るように、取引の範囲が立地地域を中心とした比較的狭いエリアに収まる傾向にあり、立地場所が同じ地域に留まるという傾向もある。このため、中小企業は地域内で仕入、外注、販売を行い、地域内の人々を雇用することが多い。中小企業が活動することで地域内の資金が循環し、地域経済が全体として潤いやすく、地域内での雇用も発生しやすくなる（つまり地域内経済循環が起りやすくなる）。このようにして、中小企業が地域の持続的な利益や雇用を生み出す源泉になっている。大企業の場合、取引範囲が地域を超えて全国あるいは世界レベルにまで広がっており、また、本社ではなく支社・支所・支店が立地しているだけというケースも多い。このため、地域で上がった利益が他地域にある本社に吸い取られてしまい、地域内での利益や雇用に結び付きにくいという側面がある。

　第2に、地域社会の維持・発展に寄与していることである。中小企業は、上述のような地域経済との結び付きだけでなく、地域社会との結び付きも強い。地域の祭りの運営、防犯・防災活動、清掃活動等の地域社会活動に関わる中小

企業は多い。筆者が中小企業に取材で訪問した際にも、その中小企業が地域の
コミュニティ形成や教育活動に関わっているというエピソードを頻繁に聞く。
例えば、大阪市福島区の縫製業を営む従業員 5 名の企業では、社長が地元の
町会長を 20 年以上も務め、地域のお祭りなどの地元イベントを支えているほ
か、地域の緑化活動、防火のための夜回り、地域おこしの活動などを積極的に
推進していた。大阪市西成区に立地している従業者数約 50 名の鋼材販売・加
工を手掛ける企業では、定期的に地域の清掃活動を行い、防犯活動に協力して
いた。さらに、経営者が地元の高校に出向き、ボランティアで講義や座談会を
行うなど、地元の子ども達のキャリア教育にも貢献していた。

　このように、中小企業が地域コミュニティの維持・発展に寄与している例は、
一般的に見られる。本人達は「地域社会への貢献」あるいは「CSR（企業の社
会的責任）」と捉えてはいないものの、当たり前のように地域の町内会活動や
祭りの運営などに地元企業として協力しているというケースはよくある。地域
社会に埋め込まれ、地域と共に生きているという中小企業は多い。

Ⅲ　中小企業の特性

　中小企業が地域経済・地域社会との結び付きが強いのは、次のような中小企
業の性質によるものと考えられる。

　第 1 に、地域への粘着性の高さである。小規模な企業になるほど、経営資源
の少なさなどの問題から、他地域へ移転することが難しくなる。大企業は、ス
クラップ・アンド・ビルド戦略やグローバル最適立地戦略に見られるように、
事業所の配置や立地地域を大きく変えるという行動を取るケースがよくある。
しかし、小規模な企業はそれらは容易ではない。他地域に移るとなると、移転
費用や設備投資が必要となる。現在雇用している従業員を移転させるにしても、
そのための手当てが必要であり、交通費が膨らむ可能性もある。新たに人材を
探すにしても、その手間と費用は小規模な企業にとって安いものとはいえない。
したがって、資金や人材が限られている、つまり、経営資源の少ない中小企業
は、大企業のよりも地域に根付く傾向が強い（地域への粘着性が高い）。

取引範囲という要素も大きい。小規模な企業の場合は、顧客が最終消費者であるか企業であるか（いわゆる B to C であるか B to B であるか）を問わず、立地地域を中心とした狭い範囲に収まっていることが一般的である。このような状況のなかで移転を行う場合、既存取引先とのやり取りに手間とコストがかかる可能性がある。最終消費者を顧客とする小売業やサービス業の場合、新たに顧客を開拓する必要が出てくる。こうした事情から、小規模な企業ほど、地域に根付く傾向がある。

　小規模な企業が同じ地域にとどまるのは、こうしたコストや手間だけがその理由ではなく、地域に立地するなかで地域の人々との人間的な付き合いが生じ、地域に親しみや誇りが生まれることも大きな要因になっている。地域に立地し続けることで、地域への愛着と目配りが生まれ、地域への粘着性が高まるという構造もあると考えられる。

　第 2 に、職住の近接性の高さである。小規模な企業では、居住場所と事業場所が同じ場所、あるいは近隣に位置していることが多い。この特徴は自営業者に典型的に見られる。自宅で事業を行っている自営業者は多い。自宅と会社が別の場合でも、中小企業の経営者は職場のすぐ近くに住まいを持つケースは一般的である。組織規模がさほど大きくない企業の場合、経営者の担う責任の範囲が広く、急な用事や不測の事態にすぐに対応できるように、職住が近接する傾向がある。

　職住近接の傾向は経営者だけでなく、従業員にも見られる。自宅から徒歩あるいは自転車で通勤する従業員が多いという話は、中小企業を取材したときによく聞く。この背景には、中小企業は経営資源が限られているため、コストや手間の問題から、広いエリアでの採用活動が難しいという事情や、交通費を多くは提供できないという事情があると考えられる。

　職住の近接性が高まるということは、生活圏と職場が同じ地域に重なりやすくなることを意味する。このため、地域環境の快適さが生活環境と事業環境の両方の快適さにつながることから、中小企業は地域社会活動に積極的に参加する傾向を生み出す。当初は自ら積極的に地域社会活動に関与したいわけではなかったとしても、生活圏と職場が同じ地域に重なることから、日中にその地域

にいる時間が長くなるため、地域の自治会等の役を依頼されることも多くなる。

　第 3 に、人間との一体性の高さである。企業規模が小さくなると、その企業の経営者や従業員の顔が地域住民から見えやすくなる。上述の職住近接の特徴も相まって、近隣住民から、その企業で働いている人が身近な人として認識されやすくなる。企業内部においても、組織規模が小さい場合は、互いの顔が見えやすく、親しみを覚えやすい。また、中小企業の場合は、企業内部の個々人の行動が企業の行動に対して影響する度合いが大企業に比べて大きいため、企業のあり方と個々人の人生のあり方が重なり合う部分が大きくなる。

　太田（1981）は、こうした中小企業の特徴について、「小企業になるほど個人的な属性は強くなり、個人の人格と似たような『人間の顔をもった経営』といった色彩が濃くなってくる」（7 頁）と指摘している。そして、中小企業と地域の結び付きについて、「地域における社会的役割からみた場合は、金銭への欲得だけでは割り切れない、地域社会への同化という意味での充足感を得ていることも事実であろう。地域における公共的団体の役職についたり、地域の祭礼や年中行事や文化的行事の中心になる町の商店主たちは少なくないはずである」（11 頁）と述べている。

　この太田の指摘にも示されているとおり、小規模な企業は、人間との一体性が見られることから、単なる利潤追求のための資本というよりも、地域に生きる市民（企業市民）としての性格が強い。このため、中小企業は常時、地域を軸に活動している市民としての立場から、地域社会活動への参画意欲が芽生えやすいと考えられる。

IV　内発的発展と中小企業

1）中小企業支援と地域振興

　中小企業と地域とのつながりの深さを踏まえると、地域の振興を考えていく際には中小企業の発展を考えていくことが重要である。実際、地域経済・地域社会の発展を促すために、中小企業の支援に注力しようとする自治体は多い。このことは、中小企業振興基本条例（自治体の中小企業振興の理念、目的、手

段等を独自に定めた条例）を制定する自治体が2000年代に急増していること
にも表れている。中小企業振興基本条例は1979年に墨田区で初めて制定され
て以降、2000年までの約20年間でわずか11自治体しか制定していなかった。
しかし、2001年からの約20年間で500を超える自治体が制定している（大貝，
2020）。地域振興における中小企業の重要性に対する認識が各地域で広まりつ
つあるといえる。

　独自の施設や施策を立ち上げて、中小企業支援を行う自治体も増えてい
る。例えば、大阪市では「大阪産業創造館」という中小企業支援の拠点施設を
2001年に設立し、経営相談、専門家派遣、ビジネスマッチング、セミナー、
交流会、展示会、ビジネスプラン発表会開催等の施策を積極的に実施している。
東京都大田区の「大田区産業プラザ（PiO）」（中小企業支援の拠点施設）、八
尾市の「みせるばやお」（中小企業の魅力発信や交流のための拠点施設）、川崎
市の「出張キャラバン隊」（専門家達が中小企業に訪問し新製品開発や経営改
善に向けた助言を行う施策）なども有名である。

　地元資本である中小企業の発展を自治体が支援し地域振興を図るという手法
は、地域の「内」からの発展を目指すという意味で、「内発的発展」と呼ばれ
ている。内発的発展は大阪市立大学商学部教授であった宮本憲一が1980年代
に提唱した、地域発展の方式である（宮本，1982；宮本，1989）。宮本の内
発的発展の規定や原則のなかで、中小企業という用語が直接使用されているわ
けではないが、「地域の企業」「地元の技術・産業」という言葉を用いて地元
資本の重要性を提起しており、その際に意識されているのは明らかに中小企業
である。宮本憲一以降の内発的発展研究（重森，1988；保母，1996；鈴木，
1998；遠藤，1999；中村，2004など）においても、地域振興における中小
企業の役割が重要視されている。宮本をはじめとした内発的発展論者は国主導
の地域開発を「外来型開発」として批判し、それに代わる地域経済発展のあり
方として内発的発展を位置付けている。

　外来型開発とは、「外」から地域の発展を目指すやり方であり、例えば、地
域外の工場や商業施設を誘致する、地域ではなく国が主導する形で土地造成や
道路・港湾等の整備が行われるという手法である。戦後の日本において実施さ

れてきた各地でのコンビナート開発や大企業誘致政策がその典型事例とされてきた。埋め立てや大規模施設の建設など、大きな物理的変化をもたらす、いわゆる「開発」を公共事業として進めていくことが特徴であり、とくに戦後の日本においては、このやり方が地域振興政策の主流であった。

　地域の発展を「外」（地域外の企業や国など）からの力に大きく依存する場合、当初は救世主の登場によって地域経済が急速に成長するかのように感じるかもしれない。しかし、経済環境の急変とともに誘致工場が他地域へ移転する、あるいは、地域外にある本社に利益が吸い取られてしまうといった事態が生じやすくなり、地域の持続的な発展に必ずしもつながるとはいえない。保母（1990）は、外来型開発の問題点として次の点を指摘している。①誘致企業は系列内取引が主体となるため地元産業・企業との産業連関を構成しにくい、②誘致企業の利益は本社のある他地域へと流出し、地域経済の拡大再生産につながらない、③外来型開発の多くは環境破壊型であり、誘致企業は地元企業ではないため環境や地域雇用等において社会的責任をもつ度合いが低い、④自治体は産業基盤を整備することはできても、進出や撤退等の意思決定は誘致企業にゆだねられ、地域の意思での計画的な経済振興をはかることが難しい。

　実際に日本では外来型開発によるこうした問題が生じ、各地で環境破壊、財政破綻、住民自治の低下をもたらしてきた。これらに対する反省から、持続的な地域経済発展、ひいては国民経済の発展のためには、地域「内」からの発展が必要であり、そのために中小企業の発展を主軸に据えることが重要であるとの認識が広まってきたのである。

2）外来型開発への回帰傾向？

　内発的発展が注目される一方、外来型開発を求める声がいまだに根強いことも事実である。自治体へのアンケート調査からも、この傾向が読み取れる。

　図 7-1 は、2015 年に農林水産省が全国の市町村に対して「就業機会創出のために地域資源を活用した内発的な産業の育成と地域外からの工場等の誘致のどちらを重視するか」について尋ねたアンケート結果である。これを見ると、全体では「地域資源を活用した内発的な産業の育成」が 54.8％であるが、「地

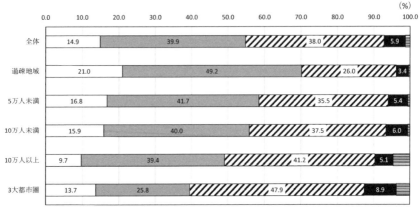

図 7-1　就業機会創出のために地域資源を活用した内発的な産業の育成と地域外からの工場
　　　　等の誘致のどちらを重視するか（単一回答）

注）2015 年における全国 1,465 市町村に対するアンケート結果。回収率は 85.2%。
出所）農林水産省（2015）『農村における就業機会の拡大に関する地方自治体アンケート調査結果（人口規模別分析）』。

域外からの工場等の誘致」が 43.9% もの割合を占めている。これらの割合を人口規模別の自治体分類で見ると、人口 10 万以上の自治体ではほぼ拮抗し、3 大都市圏の自治体では「地域外からの工場等の誘致」が 56.8% と、「地域資源を活用した内発的な産業の育成」を上回る割合となっている。

　日本立地センター・関東地域政策研究センターが 2019 年に広域関東圏（1 都 10 県）の市を対象に実施したアンケートのなかで、「産業振興において現在注力している分野と今後注力する分野」について尋ねている。この回答結果（回答数は 155 件、複数回答）を見ると、産業振興において「現在」注力している分野（複数回答）の 1 位は「新事業・創業・ベンチャー支援」（115 件、74.2%）、2 位は「観光」（106 件、68.4%）、3 位は「企業誘致」（105 件、67.7%）であった。一方、「今後」注力していこうと考えている分野の 1 位は「企

業誘致」（98 件、63.2％）、2 位は「新事業・創業・ベンチャー支援」（97 件、62.6％）、3 位「観光」（94 件、60.6％）となっていた（高野，2020）。このことからも、自治体の地域振興策として外来型開発を重視する姿勢が強いことが分かる。

　外来型開発でかつて痛手を負った自治体において、再び外来型開発に回帰する傾向も見られ始めている。例えば、大阪市では 1980 〜 1990 年代の開発事業（ワールドトレードセンター、アジア太平洋トレードセンター、フェスティバルゲートなど）の破綻が相次ぎ、巨額の財政的損失が生じ、大きな批判を浴びた。この反省もあって、2000 年代に入ってからは大阪産業創造館を開設するなど、中小企業支援を地域産業政策の中心に据えた。しかし、2010 年以降の大阪市の成長戦略、関西イノベーション国際戦略総合特区への参画、IR（統合型リゾート）開発の推進の動きなどを見ると、中小企業支援は徐々に後退しており、かつての開発事業を彷彿とさせる外来型開発が中心となりつつある。カジノ誘致や万博関連の事業はこの典型事例といえる。これらの開発プランは、中小企業に開発事業による波及効果が及ぶとしており、かつての外来型開発の「トリクルダウン（上層を富ますことで下層にお金が滴り落ちる）」の発想と同一となっている。

　このように外来型開発に回帰する傾向があるのは、なぜであろうか。それは、外来型開発には「派手さ」があり、目に見える変化をもたらす反面、中小企業支援はその実態が一般市民からは見えにくいからである。開発は施設建設や土地造成といった、分かりやすい物理的変化をもたす。このことが、一般市民レベルで、成果が上がったかのような感覚をもたらす。一方、中小企業支援は目立ちにくい比較的小規模な企業への個別の直接支援であり、一般市民レベルで分かりやすい変化をもたらすものではない。それらの効果は見えにくく、かつ、短期的に現れにくい。したがって、かつての開発事業の失敗の記憶が薄れてきた頃に、一般市民の実感に訴えかけるような派手で大胆な開発型政策が求められるようになる。この背景には、自治体の首長や議員がそれらを自らの功績をアピールするための材料として使いたいという思惑も強く働いている。

　開発がすべて不必要というわけではないが、外来型開発の手法には先に見た

ような様々な深刻な問題があることを認識しておく必要がある。とくに、近年のように、変化が激しく不確実性が高まる経済環境において、大規模で固定的な生産手段の整備を行うことは、政策ニーズに柔軟に対応できるものとはいえず、非効率な財政支出に終わる可能性が高い。大阪市をはじめとした多くの自治体におけるかつての開発事業のように、当初ニーズがあると考えて開発を進めたものの、企業が入居しない、顧客が集まらないといった状況に陥り、無駄な施設・土地と巨額の負債のみが残るという結果になりかねない。

　地域振興政策を「開発」か「中小企業支援」かの二元論で語ることはできず、それらは実際には相互に補完する政策として位置付けられる。しかし、基本的な政策理念・スタンスとして、地域の持続的な発展のためには内発的発展を中心に据え、中小企業支援を主軸に地域振興を図ることが望ましいと筆者は考える。より有効な支援メニューの開拓や支援による成果の評価（どのように「見える化」していくか）など、今後取り組んでいくべき課題はあるものの、地域経済・地域社会と密接に結び付き、苦境にあっても存続・発展しようと頑張っている中小企業を起点に、地域発展を目指していくことが重要ではないだろうか。

引用文献

遠藤宏一（1999）『現代地域政策論－国際化・地方分権化と地域経営－』大月書店。

保母武彦（1990）「内発的発展論」宮本憲一・横田茂・中村剛治郎編『地域経済学』有斐閣，327-349頁。

保母武彦（1996）『内発的発展論と日本の農山村』岩波書店。

中村剛治郎（2004）『地域政治経済学』有斐閣。

宮本憲一（1982）『現代の都市と農村－地域経済の再生を求めて－』日本放送出版協会。

宮本憲一（1989）『環境経済学』岩波書店。

大貝健二（2020）「中小企業振興条例の現段階」大阪経済大学中小企業・経営研究所『中小企業季報』2020No.4，19-34頁。

太田一郎（1981）『人間の顔をもつ小企業－生業的経営のバイオロジー－』金融財政事情研究会。

重森曉（1988）『現代地方自治の財政理論』有斐閣。

鈴木茂（1998）『産業文化都市の創造－地方工業都市の内発型発展－』大明堂。

高野泰匡（2020）「『地方自治体の産業振興に関するアンケート調査』結果概要」日本立
　　地センター『産業立地』VOL.59，No.4，34-40 頁。

**　詳しく知るための文献**

本多哲夫（2013）『大都市自治体と中小企業政策－大阪市にみる政策の実態と構造－』同
　　友館。

本多哲夫（2018）『継ぐまちファクトリー』同友館。

髙田亮爾・前田啓一・池田潔編（2019）『中小企業研究序説』同友館。

植田浩史・桑原武志・本多哲夫・義永忠一・関智宏・田中幹大・林幸治（2014）『中小企
　　業・ベンチャー企業論 [新版] －グローバルと地域のはざまで－』有斐閣。

第8章
地域経済と中小企業金融

北 野 友 士

I　はじめに

　2001年の省庁再編で発足した金融庁は、2003〜2004年に「リレーションシップバンキングの機能強化に関するアクションプログラム」を公表・推進した。このアクションプログラムの背景には、地方銀行や第二地方銀行、信用金庫、信用組合などの中小・地域金融機関の不良債権処理については、大手銀行と異なる特性があるとの指摘があった。つまり、地域の中小企業には企業再生手法等の選択肢が限定的である点、中小・地域金融機関が十分な企業再生のノウハウを持っていない点、雇用環境等が未整備なまま急速に不良債権処理を進めると地域経済に重大な影響を与える点、という主に3つの点を考慮する必要があった。これらの指摘は、地域金融の重要な論点を示している。

　不良債権処理への緊急対応から脱却した2005〜2006年には、金融庁から「地域密着型金融の機能強化に関するアクションプログラム」が公表・推進され、地域・中小企業金融の円滑化等が強調されるようになった。こうした一連の動きのなかで、地域金融機関は伝統的な預貸業務以外の非金融業務も展開しながら、地域活性化のために取り組んできた。営業エリアが特定の地域に限定されている地域金融機関にとって、当該地域の中小企業の再生や活性化は、自らの存立基盤を再構築することにもつながる。

　本章では地域経済と中小企業金融ひいては地域金融との関係を考察したうえで、地域金融や中小企業金融の今後のあり方について考えてみたい。

Ⅱ　地域経済と地域金融をとりまく環境

　本節では地域経済と地域金融、および中小企業金融の関係について、現状の
データも確認しながら考察する。

1）地域経済と地域金融

　少子高齢化や社会的な移動などによる人口動態が、地域経済に対して大きな
影響を与えていることについて、多くの説明は不要であろう。人口動態が金融
面から地域経済に与える影響については、主に 2 つの面が挙げられる。1 つは
貯蓄率の低下である。現役世代のときに所得を得て、そこから一定の貯蓄を行
い、引退して老後世代になった際に貯蓄を取り崩す、というライフサイクル仮
説がある。この仮説に基づくと、少子高齢化の進展は貯蓄を行う現役世代より
も貯蓄を取り崩す老後世代の割合が相対的に高くなることを意味し、域内で必
要な投資を域内の貯蓄で賄えなくなることにつながる。人口動態が金融面から
地域経済に与えるもう 1 つの影響は、就職等を機に地方から転出した若年層
が都市部で生活基盤を築いて定住した場合の相続問題である。こうした相続が
発生した場合、相続人である都市部の若年層に金融資産が移転してしまう [1]。
いずれにせよ、長期的には各地域における資金不足が懸念される状況である。
　それでは各都道府県の地域金融の現状について確認してみよう。図 8-1 は都
道府県別でみた預金残高に対する貸出金残高の割合を示したものである。
　ある銀行が預かっている預金のうちどれだけを貸出金に回しているかを預貸
率というが、ここでは各都道府県の預金残高に対する貸出金残高を預貸率のよ
うなものとみなして考えてみたい。図 8-1 からわかることとして、まず全国平
均となる 59.3％を上回っているのが、愛媛県（81.9％）や福岡県（75.4％）、
東京都（72.6％）など 11 都県しかない。各地方における中心的な都府県に預
金も貸出もシェアがやや集中し、多くの県で貸出先が不足していることがよみ
とれる。また九州地方、四国地方、中国地方は、相対的に預貸率の高い県が多
い。距離的に首都圏への依存度が相対的に低いのかもしれない。
　以上でみてきたように長期的には多くの地域で資金不足が懸念されるが、現

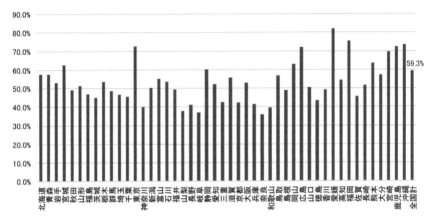

図 8-1　都道府県別の預金残高に対する貸出金残高の割合（2022年3月末）

出所）日本銀行調査統計局「都道府県別預金・現金・貸出金（国内銀行）」より筆者作成。

状は地域経済の停滞に伴う資金需要の低迷の方が顕著である。地域経済が停滞しているから預貸率が伸びないのか、預貸率が低いから地域経済が成長しないのかについては、地域の産業構造等によっても影響を受けるため一概には言えない。ただし、地域経済が活性化して資金需要が増大し、地域の預金が地域の貸出に回るという好循環が望ましいことだけは確かである。

2）　地域金融と中小企業金融

　地域金融とは、広義には特定の地域における金融サービスといえるが、狭義には特定の地域における金融機関の活動のことを指す。営業エリアが限定されるこれら金融機関は、地域金融機関と呼ばれ、より具体的には地方銀行、第二地方銀行、信用金庫、信用組合などを指す。地域金融機関は営業エリアの住民から預金を預かり、営業エリアにある企業等へ貸出を行っている。大企業、とりわけ上場企業は都市部に集中しており、地域に所在する企業のほとんどは中小企業である。地域金融のコアな課題は中小企業金融に凝縮されている。

　中小企業金融、より具体的には中小企業の資金調達環境は大企業と大きく異なる。多くの場合、中小企業は大企業と比べて業績等の面で見劣りするうえ、情報開示等も不十分であるため情報の非対称性の問題が大きく、不特定多数の

投資家から資金を調達するのが困難である。そのため、個々の中小企業に関する情報を収集して、信用リスク等を判断し、融資を行う地域金融機関の存在が、中小企業金融にとって非常に重要となる[2]。

　地域金融機関は中小企業への融資に際して、まず貸出を実施するかどうかの審査（与信判断）を行う。また貸出を行った後も銀行口座の動きなどをモニタリングする。こうした審査やモニタリングによって企業の情報を蓄積することを、金融機関の情報生産機能と呼ぶ。しかしながら、事前には適切な審査やモニタリングを実施していたとしても、リーマン・ショックや東日本大震災、新型コロナウイルス感染症の拡大など、経済的に大きなショックが事後的に加わることがある。そうした事後的なショックへの備えとして、金融機関は中小企業への融資に際して債権を保全するための担保の設定を求める[3]。担保には、不動産等の抵当権等を設定する物的担保と、経営者等が中小企業の借入金の保証人等になる人的担保がある。その他に、各都道府県等の信用保証協会による信用保証を受けるという選択肢もある。

　金融機関側からみた場合、担保の設定は事後的なショックから債権を保全するというだけでなく、経営者に借入金の返済に対してコミットさせるインセンティブとして働くことが期待される。一方で、不動産等の資産を所有していないベンチャー企業等の資金調達の制約となる、また連帯保証人が負う過度なリスクと負担が社会問題化した、さらに担保ありきで金融機関側の与信判断がおろそかになるなど、いわゆる担保至上主義の弊害が指摘されている。近年は不動産担保や経営者保証に依存しない中小企業金融を推進する動きがみられる。

Ⅲ　地域金融機関等の現状と地域の活性化に向けた取り組み

　前節では人口動態の影響を受けている地域金融の現状と、地域金融の中心的な問題である中小企業金融の特徴について考察した。本節では、中小企業金融に対する近年の地域金融機関の取り組みについて、地域銀行（地方銀行および第二地方銀行）と、協同組織金融機関（信用金庫および信用組合）とにわけて検証する。なお、銀行と信用金庫、信用組合の違いは表8-1のとおりである。

表8-1　銀行と信用金庫、信用組合の比較

	銀行	信用金庫	信用組合
根拠法	銀行法	信用金庫法	中小企業等協同組合法
組織形態	株式会社		
営業区域	制限なし	制限あり（広域）	制限あり（狭域）
出資金・資本金の最低限度	20億円	2億円（大都市）1億円（その他）	2000万円（大都市）1000万円（その他）
出資者の名称	株主	会員	組合員
預金の制限	制限なし		組合員以外からの受入は全体の20%以内
貸出金の制限	制限なし	会員以外への貸出は全体の20%以内	会員以外への貸出は全体の20%以内

出所）島村・中島（2020, 74頁）より引用。

銀行が株式会社形態の営利法人であるのに対し、信用金庫や信用組合は非営利の協同組織であるというのが最も大きな違いとなっており、営業区域や出資、預金、貸出の範囲も異なっている。

1）　地域銀行の現状と地域活性化への取り組み

地域銀行は、明治維新後の国立銀行条例の流れをくむ地方銀行と、無尽講や頼母子講から発展した相互銀行の流れをくむ第二地方銀行からなる。地域銀行の現状について、表8-2で確認してみよう。表8-2から明らかなとおり、地方銀行の方が第二地方銀行よりも預金・貸出金ともに全体的な規模が大きい。しかしながら、預金額の7割弱を個人預金が占めていること、貸出額のうち

表8-2　データでみる地域銀行の現状

2022年3月末時点	地方銀行	第二地方銀行
銀行数	62行	37行
預金額	318兆円	67.0兆円
うち個人預金	216兆円（68.0%）	46.4兆円（69.2%）
うち地方公共団体預金	18兆円（5.7%）	2兆円（3.1%）
貸出額	237兆円	51.2兆円
うち中小企業向け貸出	102兆円（43.1%）	25.2兆円（49.3%）
うち個人向け貸出	66兆円（28.2%）	15.1兆円（29.4%）
うち地方公共団体向け貸出	21兆円（9.0%）	4.9兆円（9.6%）
預貸率	74.5%	76.4%

注1）カッコ内は預金と貸出それぞれにおける割合を示したものである。
注2）預貸率は預金額で貸出額を割って筆者が算出したものである。
出所）一般社団法人全国地方銀行協会「地方銀行の決算」および一般社団法人第二地方銀行協会「加盟地方銀行の業況」より筆者作成。

中小企業向け貸出が40％台で、個人向け貸出が30％弱、地方公共団体向けが10％弱という構成割合である点など、業務の質という面では非常に似通っている。また預貸率に関しても75％前後でほぼ同程度である。

　一般的に、景気が良ければ企業の借入需要が増大するために預貸率が高くなり、景気が悪くなれば企業の借入需要が低下して預貸率が低下する傾向にある。前掲の図8-1のとおり、全国でみた預金残高に対する貸出金残高の割合は59.3％であり、預貸率が75％程度である地方銀行と第二地方銀行は相対的にみれば積極的に貸出を行っているといえる。しかしながら、地域銀行の業績は厳しい状況にある。図8-2は地方銀行の業績関連の主な指標について推移をみたものである。図8-2のとおり、2009年以降、貸出金利息による収入がほぼ一貫して減少するなかで、経費の削減は限界をみせており、業務純益が低迷していることがわかる。とりわけ日本銀行がマイナス金利政策を導入した2016年以降の業績の低迷が顕著である。また2018年以降は米中の貿易摩擦や、新型コロナウイルス感染症拡大の影響によって、信用コストが増大している。

　人口動態の影響下にある地域経済の低迷を受けて、伝統的な預貸業務だけで

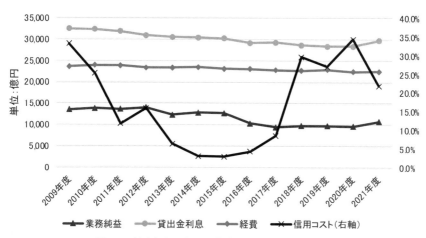

図 8-2　地方銀行における業績関連の主な指標の推移

注）信用コストは一般貸倒引当金繰入額と不良債権処理額の合計から、貸倒引当金戻入益と償却債権取立益を控除した金額の業務純益に対する割合である。
出所）一般社団法人全国銀行協会「地方銀行決算 損益の推移」より筆者作成。

は地域銀行が十分な収益をあげることは難しい。自己資本比率規制が課されていて、質の高い自己資本の充実が求められる現代の銀行にとって、収益性の低下は自己資本比率の維持を困難にさせ、銀行の貸出余力も低下させる[4]。「金融仲介の改善に向けた検討会議」が2018年にまとめた『地域金融の課題と競争のあり方』では、低金利下で県境を越えた貸出競争が起きており、独占的な銀行ですら存続が危ぶまれると予想される県が23に上ると試算している。そのため、金融仲介の改善に向けた検討会議（2018）は、一定の条件の下で同一地域内での金融機関の経営統合を提言した。実際、現在は寡占的・独占的な地域金融機関の経営統合については独占禁止法の例外として認められるケースがあり、地域金融機関による経営統合の動きが加速している。

　また地域銀行の本業および付随する業務として、地域の活性化に資する取り組みも行われている。一般社団法人地方銀行協会では「地方銀行の取り組み」として、以下の4つを取り上げている[5]。まず1つめは、地方創生への取り組みであり、具体的には観光振興や、公共施設の利用、農業の活性化、移住・定住の促進などが挙げられる。2つめに、古民家等歴史的資源の活用支援があり、古民家を利用したレストランやゲストハウスの開業などを支援している。3つめは、地域密着型金融への取り組みであり、創業・新事業開拓の支援や、ビジネス支援、事業承継支援、経営改善支援など地域の中小企業等への支援などがある。最後に4つめとして、地域商社[6]の設立が挙げられる。地域商社は地元産品等の国内外への販路の開拓や、新商品開発・ブランディングの支援等がある。

　地域住民から預かった預金を地域の中小企業の資金需要に応じて貸出を行うというだけではなく、地域経済を活性化させることで資金需要を生み出すような非金融業務が、現在の地域銀行に課せられた重要な役割となっている。

2)　協同組織金融機関の現状と地域活性化への取り組み

　中小企業金融の担い手として、ここでは中小企業等協同組合法などに基づく信用組合と、信用金庫法に基づく信用金庫という2つの協同組織金融機関について考察する。信用組合と信用金庫はともに組合員もしくは会員の相互扶

助を理念とする非営利の金融機関である。
主な違いは前掲の表 8-1 でわかるとおり、
信用組合が組合員からの預金の受け入れ
について 20％以内に制限しているのに対
し [7]、信用金庫は会員以外からの預金の
受け入れを制限していない。表 8-3 は信
用組合と信用金庫のデータを比較したも

表 8-3　信用組合および信用金庫の主要データ一覧

2022 年 3 月末時点	信用組合	信用金庫
組合数・金庫数	145 組合	254 金庫
預金額	22.4 兆円	158.9 兆円
貸出額	12.6 兆円	78.8 兆円
預貸率	56.3％	49.6％

出所）一般社団法人全国信用組合中央協会「信用組合業界概況」および信金中央金庫「全国信用金庫概況・統計」より筆者作成。

のであるが、全般的に信用組合の方が信用金庫よりも規模が小さいことがわかる。なお 2003 年 12 月末の時点で信用組合数は 188 組合、信用金庫数は 315 金庫とあったとされており、20 年ほどの間にそれぞれ 20％程度減少していることがわかる。

　また信用組合の預貸率が 56.3％、信用金庫の 49.6％となっており、地域銀行と比較すると低い預貸率にとどまっている。相互扶助を理念とする非営利の協同組織であるため、必ずしも預貸業務という金融業務のみで評価すべきではないかもしれない。しかしながら、家森（2014）は 2000 年頃から信用組合の預貸率が大きく低下しており、その主な要因として貸出先の多くが返済能力に乏しい点、担保や保証に依存できなくなった点、銀行が中小企業向け貸出に進出してきた点などを指摘している（9-10 頁）。結局、協同組織金融機関が相互扶助の理念を実現するには、リスク管理を行いながら組合員や会員に貸出を行うしかないにもかかわらず、それができていないということである。

　ただし、信用組合も信用金庫も地域密着型金融への取り組みを加速している。具体的には、創業・新事業支援やビジネスマッチング、取引先の事業価値を見極める中小企業に適した資金供給方法、などからなる「ライフサイクルに応じた取引先企業の支援の一層の強化」と、コンサルティング機能や人材派遣を通して取引先の債務者区分の改善を図るなどの「経営改善支援等への取り組み」を行っている [8]。また信用組合や信用金庫は銀行と比べて規模の経済が働きにくいが、それぞれの中央組織を中心に事務の共通化や共同化、人事や調査分析等の本部機能を有する共通子会社の設立などを検討している [9]。

3）　新たな金融ソリューションと地域の活性化

　本節では、株式会社形態の地域銀行と、相互扶助を理念とする非営利の協同組織金融機関についてみてきた。しかしながら、近年は既存の金融機関とは異なるアプローチで、地域の活性化に資するような事業等の資金調達が可能となってきた。これら新たな金融ソリューションとして、ここではソーシャル・インパクト・ボンド（Social Impact Bond, SIB）について概観する。

　まずSIBとは、社会的課題の克服のための資金調達手段のことである。社会的課題とは、例えばイギリスの事例でいえば、刑務所を出所した元受刑者の再犯率を下げる、要支援の可能性のある児童・家庭を支援する、路上生活者の減少を図る、などである（表8-4）。一見すると、財政による福祉的な支出や、篤志家による寄附などの対象にしかならないようにみえる。SIBでは、まずこれらの社会的な課題を解決するためのプログラムを実行する非営利団体が存在する。そしてプログラムを実行するための資金は、先行投資の形で投資家がSIBを購入する。プログラムを実行した結果、社会的な課題に改善が見られた場合、地方公共団体から非営利団体に成功報酬が支払われ、投資家に還元される。地方公共団体が支払う成功報酬の財源は、社会的な課題を克服することで削減できた財政支出を充てる形で行われる。プログラムに効果がなければ成功報酬を支払う必要がないため、地方公共団体自らが社会的課題の克服に取り組む場合よりも、財政的なリスクを低下させることができる。

　日本でも地域の社会的な課題を克服するために、SIBのような仕組みが徐々に広がりを見せ始めている。たとえば、大阪府では2017年9月29日に「おおさか社会課題解決ファンド」を組成し、さまざまな社会課題の解決に取り組んでいる[10]。また持続可能な開発目標（SDGs）に向けた取り組みに対して、

表8-4　イギリスにおけるSIBの活用事例

契約主体	対象者	効果測定指標	調達額
司法省	ピーターバラ刑務所の元受刑者	再犯率の低下	500万ポンド
労働年金省	要支援の可能性のある児童・家庭	学校での態度改善、欠席の改善、学習の習熟度等、就職、など	1000万ポンド
ロンドン市	ホームレス	路上生活者の減少、雇用の増加、病院利用件数の低下	200万ポンド

出所）岩崎編（2015，170頁）、図表Ⅲ.3.2を一部抜粋して引用。

積極的に投資していくESG投資の重要性も叫ばれている。地域住民と地方公
共団体、投資家の三者の利害の方向性を一致させるSIBのような金融ソリュー
ションの仕組みを有効に活用していく必要性がある。

Ⅳ　中小企業金融と経営者の金融リテラシー

　前節では地域金融機関等による地域の活性化に向けた金融上の取り組みにつ
いて考察した。こうした取り組みが十分かについては、さまざまな評価があり
うるだろう。筆者は、金融仲介の改善に向けた検討会議（2018）が指摘する
ような地域金融機関による過当競争が生じているような状況を考慮すると、地
域経済の中核となる地域の大企業から、中堅企業、中小企業、零細企業に至る
まで、地域の金融サービスはある程度いきわたっていると感じている。そのう
えで、筆者が注目したいのが、中小企業ひいては中小企業経営者の資金の調達・
運用能力である金融リテラシーである。本節では、筆者が共同研究者と行った
調査結果も引用しながら、中小企業金融と経営者の金融リテラシーについて考
察していきたい。

1）　中小企業経営者に求められる金融リテラシー

　経営者が経営者としての能力や資質を有していることは自明のことのように
思える。しかしながら、中小企業経営者3,000人を対象に行った家森・北野
（2017）の調査では、経営者になる前にどのような準備を行ったかという質問
に対して、34.4％が「特別な準備をしなかった」と回答している。また安田
（2014）は2000年代に行われたきめ細かな支援策が、総じて中小企業に認知
されておらず、その原因として経営者による施策を理解する時間の不足や、施
策のメリットに対する無理解を指摘している。前節までで確認してきた地域金
融機関等による取り組みも含めて、中小企業の支援策は実際には非常に充実し
ているにもかかわらず、中小企業経営者が十分に活用できていない現状が浮か
び上がる。経営者はmanagerial capital（経営的人的資本）としてとらえるこ
とができ、大企業と比較して経営資源の少ない中小企業にとって、経営的人的

資本としての経営者の役割は決定的な意味を持つと考えられる。

　中小企業経営者に求められる能力のうち近年注目されているものの1つとして金融リテラシーがある。OECD（2018）は中小企業経営者に求められる金融リテラシーについて、置かれた経営環境の中で効率的に交渉や実務にあたるための技術であり、競争的で不確実な環境下で成功する可能性を高めうるスキルとして捉えている。そのうえで、OECD（2018）は中小企業経営者に求められる金融リテラシーのコア・コンピテンシーとして、A. 金融サービスの選択と利用、B. 金融および事業の管理と計画、C. リスクと保険、D. 金融情勢を挙げている。

　既に海外では経営者の金融リテラシーを向上させる処置群と、何もしない対照群とを比較して、中小企業経営者の金融リテラシーの向上が企業業績に対してポジティブな影響を与えることを実証した研究も報告されている[11]。

2）　中小企業経営者の金融リテラシーの現状と課題

　ここでは筆者が共同研究者と行ったアンケート調査に基づいて、日本の中小企業経営者の金融リテラシーの実態を考察したい。北野・山﨑（2022）では楽天インサイト株式会社にWebモニター登録している男女1,000人の中小企業経営者を対象にして、2021年9月22日〜24日の期間でアンケート調査を実施した。金融リテラシーに関連する10問への回答状況は表8-5のとおりである。

　まず、「(1) 個人の口座と事業用の口座を分別管理している」について「非常にあてはまる」と「ややあてはまる」の合計（以下、「あてはまる」）は85.1％に達しており、やはり口座の分別管理という基本を押さえている経営者は多い。また「(2) 月次の決算書を作成している」や、「(6) 借入金と自己資本の割合や構成を意識している」、「(8) 保険等の活用によってさまざまなリスクへの対応を考えている」についても相対的に意識が高い項目となっている。

　一方で、「(10) クラウドファンディングを利用したことがある」について「全くあてはまらない」と「あまりあてはまらない」の合計（以下、「あてはま

らない」）は 89.9％にのぼり、活用が進んでいないことがみてとれる。さらに「(3) 中小企業向け IFRS（国際財務報告基準）を導入している」や「(4) 余裕資金の一部を株式等の有価証券で運用している」、「(7) これまでにメインバンクを変更したことがある」なども「あてはまらない」を選ぶ割合が多かった。

　他方、「(5) 3 年から 5 年程度の中期的な経営計画を策定している」と「(9) 中小企業向けの補助金等を積極的に活用している」については、「あてはまる」が 30％前後、「あてはまらない」が 50％弱となっている。

　全体的に口座の分別管理や資本構成など現有の資金に関する部分では積極的な姿勢がみられる一方で、クラウドファイディングの利用や IFRS の導入、メインバンクの変更など新たな資金調達についてはあまり積極的ではない回答者が多い。これらの結果は、中小企業支援策が総じて認知されておらず、十分に活用されていないとする安田（2014）の分析内容と整合する。

　紙幅の制約もあるため、北野・山﨑（2022）での分析内容の詳細は割愛するが、

表 8-5　中小企業経営者の財務活動でみた金融リテラシーの強度

	n %	非常にあてはまる	ややあてはまる	どちらともいえない	あまりあてはまらない	全くあてはまらない
(1) 個人の口座と事業用の口座を分別管理している	1,000	740	111	79	18	52
	100.0	74.0	11.1	7.9	1.8	5.2
(2) 月次の決算書を作成している	1,000	357	164	129	135	215
	100.0	35.7	16.4	12.9	13.5	21.5
(3) 中小企業向け IFRS（国際財務報告基準）を導入している	1,000	44	34	143	90	689
	100.0	4.4	3.4	14.3	9.0	68.9
(4) 余裕資金の一部を株式等の有価証券で運用している	1,000	53	74	92	79	702
	100.0	5.3	7.4	9.2	7.9	70.2
(5) 3 年から 5 年程度の中期的な経営計画を策定している	1,000	96	189	250	173	292
	100.0	9.6	18.9	25.0	17.3	29.2
(6) 借入金と自己資本の割合や構成を意識している	1,000	262	242	209	92	195
	100.0	26.2	24.2	20.9	9.2	19.5
(7) これまでにメインバンクを変更したことがある	1,000	85	78	116	126	595
	100.0	8.5	7.8	11.6	12.6	59.5
(8) 保険等の活用によってさまざまなリスクへの対応を考えている	1,000	133	308	213	137	209
	100.0	13.3	30.8	21.3	13.7	20.9
(9) 中小企業向けの補助金等を積極的に活用している	1,000	104	207	205	155	329
	100.0	10.4	20.7	20.5	15.5	32.9
(10) クラウドファンディングを利用したことがある	1,000	21	12	68	55	844
	100.0	2.1	1.2	6.8	5.5	84.4

出所）北野・山﨑（2022, 44 頁）、図表 4 より引用。

ほとんどの金融リテラシー項目が企業業績に対してポジティブな影響を与えていることが統計的に有意な水準で認められた。中小企業の売上や利益の源泉は各社の供給する財やサービスであるが、資金を適切に調達して効率的に運用するための金融リテラシーが中小企業経営者に必要なことは間違いない。

V　おわりに

　本章ではここまで人口動態の影響を受けた地域経済の衰退と、その金融面での影響を踏まえて、地域金融機関等の取り組みを考察した。そのうえで、地域金融の主要な課題は中小企業金融であり、とりわけ中小企業経営者の金融リテラシーの影響について検証した。さまざまな批判や課題があっても地域金融機関による供給面ではさまざまな取り組みが行われている一方で、資金の需要側である中小企業経営者の金融リテラシーの向上が求められる。

注

1) 相続の発生は地方において空き家の問題にもつながっているが、紙幅の制約もあるため、本章では割愛する。

2) 経済学的な観点からみた中小企業の特徴と金融面については、植杉（2022）を参照されたい。

3) 以下の担保に関する説明については、中島（2015）を基にまとめている。

4) 現代の銀行業における自己資本比率規制の影響については北野（2023）を参照されたい。

5) 以下の詳細については、一般社団法人全国地方銀行協会 HP 内「地方銀行の取り組み」を参考されたい。なお「地方銀行の取り組み」では気候変動への取り組みも取り上げているが、地域金融に焦点を当てる本章では割愛する。

6) 地域商社は、2016 年の銀行法改正によって当該銀行の銀行業の高度化に資する業務等を営む銀行業高度化等会社の出資・設立が可能になったことによって、地域銀行が設立するようになったものである。銀行業高度化等会社については、当初はフィンテック企業等への出資を想定していたが、地域金融機関からの要望を受けて、2019 年に出された監督指針によって地域商社が銀行業高度化等会社に該当しうることを明確化し

た。

7）信用組合の形態として、一定の地域内の中小企業や生活者が組合員となる地域信用組合、医師や歯科医師、証券業など同業種が組合員となる業域信用組合、官公庁や鉄道、新聞社など同じ職場の人が組合員となる職域信用組合という 3 つがある。2021 年 12 月 31 日時点で全国には 145 組合あるが、そのうち 70.3%（102 組合）が地域信用組合であり、中小企業金融の担い手という意味でも本章での以下の議論は地域信用組合を前提とする。

8）詳細については一般社団法人全国信用組合協会および一般社団法人全国信用金庫協会それぞれの HP を参照されたい。

9）詳細については、金本・小林（2019）を参照されたい。

10）詳細については、大阪府 HP 内「『おおさか社会課題解決ファンド』を通じた社会課題の解決状況について」を参照されたい。

11）例えば、Bruhn and Zia（2011）がある。その他の海外の先行研究については、北野・山﨑（2022）を参照されたい。

引用文献

一般社団法人全国地方銀行協会 HP「地方銀行の取り組み」（https://www.chiginkyo.or.jp/regional_banks/initiative/（最終閲覧日 2023 年 5 月 25 日）。

岩崎俊博編・野村資本市場研究所（2015）『地方創生に挑む地域金融―「縮小」阻止へ 金融資本市場からのアプローチ』，金融財政事情研究会。

植杉威一郎（2022）『中小企業金融の経済学―金融機関の役割　政府の役割―』日本経済新聞出版。

金本悠希・小林章子（2019）「地域金融機関の再編を促す制度整備」『大和総研調査季報 2019 年夏季号』，34-43 頁。

北野友士（2023）『イギリスにおける銀行業と自己資本の展開―自己資本比率規制に対する歴史的検証』文眞堂。

北野友士・山﨑泉（2022）「経営的人的資本が中小企業の業績に与える影響の検証 －創業希望者・経営者教育の受講経験と金融リテラシーを中心として－」『信金中金月報』第 21 巻第 12 号，35-64 頁。

金融仲介の改善に向けた検討会議（2018）「地域金融の課題と競争のあり方」（https://
www.fsa.go.jp/singi/kinyuchukai/kyousou/20180411/01.pdf（最終閲覧日 2023 年
3 月 17 日））。

島村髙嘉・中島真志（2020）『金融読本　第 31 版』東洋経済新報社。

中島真志（2015）『入門企業金融論―基礎から学ぶ資金調達の仕組み』東洋経済新報社。

安田武彦（2014）「中小企業政策情報の中小企業への認知普及―小規模企業を対象にした
考察」, RIETI Discussion Paper Series, 14-j-049。

家森信善（2014）「信用組合の協同組合性と金融機関性について」RIEB Discussion
Paper Series, DP2014-J09。

家森信善・北野友士（2017）「中小企業経営者の経営能力と金融リテラシー―2016 年調
査の概要―」RIEB Discussion Paper Series, DP2017-J02。

Bruhn, M. and B. Zia (2011), "Stimulating Managerial Capital in Emerging Markets: The
Impact of Business and Financial Literacy for Young Entrepreneurs," *Policy Research
Working Paper* No. 5642, The World Bank Development Research Group Finance
and Private Sector Development Team.

OECD (2018), *OECD/INFE Core competencies framework on financial literacy for
MSMEs*, OECD.

詳しく知るための文献

小倉義明（2021）『地域金融の経済学―人口減少下の地方活性化と銀行業の役割』慶應義
塾大学出版会。

ディーン・カーラン，ジェイコブ・アペル（2013）『善意で貧困はなくせるのか？―貧乏
人の行動経済学』みすず書房。

大和総研編（2020）『地銀の次世代ビジネスモデル』日経 BP 社。

第9章
日本酒をめぐる人と自然の物語

二 宮 麻 里

　日本酒は、日本列島の風土によって長い歴史をかけて育まれた伝統的な農産加工品である。日本人の主食である米を主原料とし、麹の微生物の力を繊細に管理する「職人技」を必要とし、嗜好品として貴ばれてきた。本章では、前半において、日本酒の特徴を、原材料や製造工程から紹介し、後半において、日本酒の製造と販売の歴史を、兵庫県灘産地を中心に振り返ることとしよう。

I　農産加工品としての日本酒

　日本酒は、水と米と麹菌（こうじきん）を原材料としている。水も米も麹菌も、日本の気候風土からの恵みそのものであり、多少大げさかもしれないが、地球と日本人との歩みを表現しているといっても過言ではないだろう。以下、原材料ごとにその理由を説明していこう。

1）水

　日本酒の成分の約7～8割は、水によって占められている。水の性質は、地形や地質により大きく左右される。日本列島は、周囲を海に囲まれ、4つのプレートが衝突する火山列島で、世界に類を見ないほど複雑な地層を形成している。各年代の地層は長い年月をかけて堆積し、地殻変動によって海と山とが渾然一体となりながら隆起し、地層を複雑化させてきた。

　各地域固有の地層を通じて濾過された水は、カリウム、リン酸、マグネシウムなどのミネラルを含むなど、地域によって多様性に富んだ味わいを生み出し

ている。例えば、石灰岩でできたカルスト地形のある秋吉台地域（山口県）、活火山である阿蘇山を源流とする筑後川流域（佐賀県、福岡県）など、銘醸地には特徴ある自然条件がある。

２）兵庫県灘産地の銘水―「宮水」

　関西地方には、日本を代表する銘醸地である灘産地がある。灘産地は、現在の兵庫県神戸市東部から西宮市今津までの大阪湾に面する地域を指し、花崗岩で構成された六甲山系の麓にある。六甲山系は 100 万年前、地殻変動によって隆起して生み出された山地で、複数の断層が走っている（図 9-1）。六甲山から淡路島まで走る断層が、1995 年の阪神・淡路大震災を発生させことはよく知られている。また、六甲山系南側は急勾配で、急斜面を流れる河川は、時に氾濫する暴れ川であった。こうした自然条件は、しばしば甚大な被害を阪神間にもたらす一方で、日本酒にとって最適な環境を提供した。

　六甲山地から流れ出る伏流水は、鉄分と炭酸ガスを多く含んでいるが、酸素を多く含んだ伏流水と合流することで、鉄分が沈殿し取り除かれる。六甲山系の急流河川は、風化した花崗岩の砂礫を勢いよく下流に運び、透水性に優れた3 メートルにもおよぶ砂礫層からなる広大な三角洲を形成した。下流では、ミネラル分が豊富で鉄分が少ない水が湧き出し、「宮水」と呼ばれる良質な原料水を生み出したのである（以上、国土交通省近畿地方整備局 HP）。

　宮水はカリウムやカルシウムなどのミネラルが多く含まれる硬水である。ミネラルは力強い発酵を促すとともに雑菌の繁殖を抑え、やや酸の多いすっきりとした「男酒」と呼ばれる酒を生んだ。江戸時代後期から明治にかけ、宮水地帯以外に立地する灘酒造家がわざわざ水船や牛

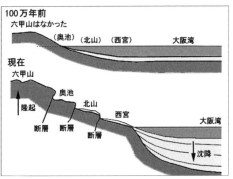

図 9-1　灘地区の地形

出所）兵庫県南部地震データ集（http://www2.kobe-c.ed.jp/shizen/strata/equake/index.html　2023 年 5 月 16 日閲覧）

に運ばせたり、水を売買する「水屋」という商売を生んだりするほどだった。

3）酒米

　次に、日本酒にとって大事なのは「米」である。良質な酒米の最高峰にあげられるのが、1936年に兵庫県で生み出された、「山田錦」という品種で、「栽培困難品種」と言われている。なぜならば、まず山田錦の田は、日当たりが良好で寒暖の差が大きく、風通しが良い「山つき」（内陸部の山の麓の一段高い標高100mから300mの場所にある）棚田で、水はけがよい粘質土壌でなければならない。昔から「酒米買うなら土地見て買え」と言われるほど、気候、地形、地質といった自然条件が揃っていなければならない「土地を選ぶ」品種である。

　しかし、良い酒米の品質を満たすには、自然条件だけではまだ不十分で、「人」の力も必要である。たとえば、山田錦の優れた特性を維持するためには系統選抜が不可欠である。兵庫県下では、多くの関連機関の連携の下に種子の生産だけで5年（つまり5世代）を要し、種子は毎年更新される。それだけでも気が遠くなる努力が必要だが、さらには、栽培自体も難しいのである。病気に弱い上、収穫量をあげようと施肥をすると、米の品質が低下してしまう。田に張る水量も「適量」に保たなければならず、繊細な水管理が必要である。成長すると草丈は約140cmにもなり、食米に比べてかなり草丈が高いので倒伏しやすい。それにもかかわらず、晩生で10月頃にならないと収穫できないので、台風の被害に遭いやすい。その穂は長く、一斉に熟することがなく不揃いで、収穫時期の判断が難しく、調整作業（米粒の選別）も厳密におこなわれなければならないなど、山田錦生産のハードルは限りなく高い。

　米は一年草であり、食米にするか、酒米にするか、どちらを栽培するかは各農家の判断で決めることができるので、地域全体で栽培を継続するのはさらに難しくなる。山田錦の栽培を試みてはみたが、諦めてしまった地域は多い。ここに記した内容だけでも高品質の山田錦の産出がいかに困難なのかを理解してもらうのには十分だろう。

　じつは、兵庫県播州地方で山田錦が産出される背景には、明治期から、兵庫

県播州地方（兵庫県南西部）の米農家と灘の酒造家が「村米（むら まい）制度」と呼ばれる契約栽培を取り結んだことが大いに関係している。1880年代後半から、灘酒造家は良質な原料米の安定的調達のため、播州地方の農家との契約栽培に着手したのである。村米制度をとる灘酒造家は、収穫が終わった後に村米地の関係者と話し合い、食米相場よりも高い価格で仕入れた。灘酒造家と播州の米農家は、

写真 9-1　収穫直前の山田錦（左）**と食米**（右）

山田錦は、草丈が140cmと高いため、台風到来時にはこの写真のように倒伏し、発芽してしまうこともある。なお、撮影場所は福岡県糸島市。福岡県糸島市は長年山田錦栽培に挑戦し、現在は栽培地となった。

出所）筆者撮影。

この村米制度を長期的に継続し、灘酒造家は良質の原料米を安定調達することが可能となった。他方で、明治半ばから兵庫県ではいち早く酒米の品種開発がおこなわれ、その長年の研究成果が実り、ついに「山田錦」が開発されたというわけである。栽培努力を長年続けた地域が兵庫県播州地域であり、その米産地を支えたのが灘の酒造家だったのである。山田錦は現在においても酒米の最高峰とされる品種である（写真9-1）。兵庫県播州地方は山田錦の最大産地であり、灘酒造家は地元の最高品質の酒米を使って清酒を仕込むことができたのである。

4）米麹

　日本酒は「麹菌」というカビの力を利用して生産される。米のタンパク質を麹菌によって変化させて醸造するのである。温暖湿潤な日本では、カビはどこにでもすぐに発生する。味噌や醤油といった日本の伝統的調味料も、麹菌を使って作られた発酵食品である。ただし、発酵に優れた形質を保有する麹菌は、実は、自然界には存在しない。日本人が長い年月をかけて数多くのカビの中から

分離、選抜を繰り返して、カビを「家畜化」し
たと考えられている（写真 9-2）。
　そして、この麹菌を米穀に植え付けて米麹を
作り、発酵させ、日本酒を造り出すのも、やは
り人の技である。麹菌という微生物に活発に活
動してもらうためには、人が、麹菌という微生
物にとって好ましい環境を準備万端整えなけれ
ばならないのである。日本酒蔵のインタビュー
では「お酒造りはあくまで微生物がしているこ
とで、蔵人はその手助けをしているだけです」
という話をたびたび聞く。麹菌は 24 時間活動
する生き物で、「まるで自分の子どものように」
世話をしなければならない。発酵にとって、微
生物こそが主役なのである。

写真 9-2　黄麹菌
出所）東京大学農学生命化学生命科
ウェブサイト
（https://www.a.u-tokyo.ac.jp/
topics/2011/20110829-1.html
2023 年 5 月 16 日閲覧）

5）日本酒の製造工程
　以上述べたとおりの原材料を用いて日本酒は造られる。その代表的な伝統的
製造工程を簡単に紹介しよう。
精米
　酒米の表面の脂肪分やタンパク質を削りとるのが精米である。精米により
すっきりとした味わいの酒になる。中には、米粒の 60％以上を削り取るお酒
（精米歩合 40％以下）もある。摩擦熱でお米が割れてしまわないよう、時間を
かけて丁寧に行う必要があり、精米歩合 40％だと、精米に 120 時間かかる。
洗米・吸水（浸漬〈しんせき〉）
　米を洗い、吸水させる。目的とする酒質に近づけるため、品種、気温、水温
を考慮して適切な水分含有量を逆算し、蔵によっては電光表示板を見ながら、
秒単位の作業をおこなう。
蒸米
巨大な蒸籠（甑〈こしき〉）でお米を 1 時間蒸す。

製麹（麹づくり）

蒸したお米を、室温 30℃、湿度 60％前後に保たれた麹室に入れる。すでに述べたように、小まめに温度管理をして、麹菌をお米に「生え」させる。約2日間、3時間ごとに世話をする。麹菌が付いたお米が、麹となる。麹には、蒸米のでんぷんの分子を小さく分断する酵素が蓄えられている。

酒母（酛造り）

水、麹と蒸米、酵母を加えて、いよいよ、酒の酛を造る。麹に含まれた酵素の力で、蒸米のデンプンを小さく分断してブドウ糖にし（糖化）、そのブドウ糖を酵母が食べてアルコールを発酵させて清酒は造られる。この発酵プロセスを「並行複式発酵」と呼ぶ。

慎重に温度を調節して、タンクの酵母を培養させる。酵母の培養を順調に進めるために、容器を氷で冷やしたり、お湯で温めたりして、2週間見守る。

仕込み（「醪」造り）

完成した酒母をより大きなタンクに移し、麹、蒸米、水を加えて仕込む。一度にたくさん仕込むのではなく、3度に分け、酵母の発酵を促しながら、少しずつ量を増やしていく（「三段仕込み」）。約1ヵ月かけて、高いアルコール度数（18度から20度）になるまで、発酵を進める。

上槽（「搾り」）

醪を搾る。布製の袋に醪を入れ、吊るし、滴り落ちる雫を集める方法や、酒袋を積み重ねて絞る方法などがある。雑菌が繁殖しないよう、搾りの作業はあえて「きんきんに」氷で冷やして行う。

その後、濾過、火入れ（加熱）、熟成させ、瓶詰めしてようやく出荷となる。米の収穫は9月で、日本酒の仕込みが始まるのは11月頃である。熟成させてから、本格的に出荷されるのは、翌年の冬になる。

このように長期にわたり、複雑な製造工程をもつ酒造は、長らく、同一地域の人たちが集団でやってきて同一酒造場に就労する杜氏制度によって支えられてきた。厳寒期の厳しい労働に耐えるには、杜氏（醸造責任者）の指導によるチームワークが重要であった。灘では、明治期以降、丹波篠山地方出身者が杜氏や蔵人として従事した。通常、蔵人の募集は、「口入屋」と呼ばれる人材幹

旋業を介したのだが、灘における酒造の雇用形態は、杜氏に対して直接賃金を支払う方式を採用した。この方式により、杜氏が村落の蔵人を直接雇用して編成・育成することができたため、高い品質が保持された。昔から酒造りには「和醸良酒（わじょうりょうしゅ）」という言葉がある。「造る人の『和』は良酒を醸し」、「良酒は『和』を醸す」という意味である。製造責任者である杜氏以下、みな蔵の人たちは、互いに思いやり、和の心を持って作業するのである。

　灘産地が酒造産地としてトップを走り続けてきた理由は、ただ自然条件に恵まれていたばかりではないことがわかるだろう。次節では、灘産地の歴史を遡ることにしよう。

Ⅱ　灘産地の盛衰

　江戸後期に、日本酒の産地として、灘が確固たる地位を確立した。当時最大の消費地である江戸市場において他産地の追随を許さず、長期にわたって第一位の座を占めたのである。それには、灘産地がどのような流通システムを利用して、どのように販売を変化させてきたのかが大きく関係している。

1）問屋ブランドから生産者ブランドへ

　江戸時代、江戸における灘酒の販売を独占していたのは新川（現在の東京都中央区新川）にある酒問屋であった。新川酒問屋は、江戸市場への日本酒の仕入・販売価格と入荷数量を株仲間によってコントロールした。江戸後期に新川酒問屋は、

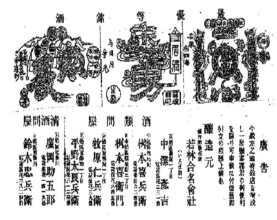

図 9-2　問屋ブランドの例
出所）『朝日新聞』（東京）1908 年 12 月 7 日付。
注）若林合名会社の酒を、問屋ごとにそれぞれ異なるブランドで販売している事。

灘酒に問屋商標、つまりプライベートブランド（PB：Private Brand）をつけ、問屋の酒として販売したのである（図9-2）。プライベートブランドとは、小売店や問屋などの流通業者が、生産者が製造した商品に自らのブランドをつけ、独自に販売している商品のことを指した。問屋は、自分たちの顧客の好みに応じて、酒をブレンドし、価格も設定した。

　酒の価格は天候や海難事故、幕府の財政政策等により大きく変動した。江戸時代から地理的に近接して輸送に有利な、関東や愛知の酒造産地は数多く登場したのだが、価格下落時に投げ売られた。しかし、灘の問屋ブランドの価格は新川酒問屋が維持した。こうして最高級酒として、江戸市場において灘酒の名声は確立した。

　明治維新後、1884年に商標登録制度が開始された。灘酒造家は、新川酒問屋に依存した販売を続ける限り、問屋ブランドで販売し、しかもその宣伝費用は酒問屋と折半しなければならなかった。新川酒問屋は、問屋ブランドでしか販売しようとしなかったからである。こうした問屋に依存した流通システムから脱却しようと、明治後期、灘酒造家は、卸売業務をおこなう直営店を

写真9-3-1　自社ブランドによる売出チラシ（表）（澤之鶴、1918年頃）
出所）ケンショク「食」の資料館所蔵資料（二宮撮影）。

写真9-3-2　自社ブランドによる売出チラシ（裏）
出所）ケンショク「食」の資料館所蔵資料（二宮撮影）。

東京に設置するとともに、地方市場を開拓し、自社ブランド（NB：ナショナルブランド）による宣伝・販売に乗り出した（写真9-3-1，写真9-3-2）。そして、日本全国へ販売を自ら拡大した。その後、各地の酒造家も、次第に自社ブランドをつけて販売するようになった。

2）日本酒産業の近代化

日本酒は、嗜好品であるとともに日常的に消費する日用品でもある。日本酒を日用品として考えるならば、より低価格に商品を供給するためには、産業を近代化し、大量生産体制を構築する必要があった。日本酒産業の近代化は、製品技術（何でつくるか）と生産技術（どのようにつくるか）の両面から推進された。

日本酒産業の近代化のきっかけとなったのが、1918（大正7）年に発生した米騒動である。日本酒は日本人の主食である米で作られている。主食が不足して暴動が発生することは、政府にとってはなんとしてでも避けなければならないことであった。米騒動以降、米を原材料にしない酒が作れないかと研究開発が開始された。その結果、製品技術開発によって、米以外の代替原料を利用した模造清酒（合成清酒）が生み出された。第二次世界大戦前後にはその技術を応用し、醸造アルコール・糖類といった副原料を大量に添加した「三増酒（さんぞうしゅ）」と呼ばれる低品質酒が、酒税法上認可された。三増酒は、白米10石（約1800ℓ）に対してアルコール度数30度の調味液20石を配合し、そこにはブドウ糖150kg、乳酸2,250ml、コハク酸2250ｇ、グルタミン酸ナトリウム750ｇが含まれ、もはや醸造酒とは言えない酒であった。商品表示において、三増酒と伝統的製法による日本酒とは区別されることはなく、米価格の上昇と相まって、1953（昭和28）年には、日本酒の全生産量の59.3％を三増酒が占めることになった。

3）機械化と通年生産による大量生産

また、灘産地では生産技術の開発が積極的に進められ、より効率的に大量生産する方法が模索された。1950年代後半から1960年代にかけては酒造工程

の機械化が進められると同時に、業界の長年の夢であった通年生産（四季醸造）が実現し、1960年代後半には大規模で近代的な四季醸造工場が次々に建設された。1960年代末、すべての日本酒製造工程の機械化・自動化・連続化が実現し、大量生産体制が確立した。

第二次世界大戦後の米不足はすでに1960年代にはほぼ解消されていたが、政府の原料米割当制度が維持されたため、桶取引（酒造業者間大量取引）による生産調整がおこなわれた。1967年には全体の2割が桶取引によって業者間で取引された。多数の酒が大型調合タンクでブレンドされることになり、酒質の均一化が進行した。1975年をピークに清酒需要は減少し、激しい価格競争が巻き起こったが、三増酒は廃止されることはなかった。各社はさらに低コストで製造する方法を開発した。

1976年からは、アルファー米が原料米として利用されることとなった。アルファー米とは白米の澱粉を加工処理によって糊状（α化）することで、洗米せずに仕込みができるため、洗米・浸漬工程や排水処理工程を省き、長期所蔵が可能であった。また古米や外国産米などそれまで使用できないような米でも、不要な成分を除去して使用することができるようになった。1981年度には清酒業界全体で10,895トンが使用され、229社が採用するようになった。

1980年代からは液化仕込みという「画期的な」醸造手法が開発された。これは、白米に澱粉液化酵素剤を投入し、加温して液状化してから発酵させる方法である。醪全体が均一な糊状になるため、発酵管理が容易で少人数で管理ができ、仕込規模の大型化が安価な機械設備費で可能になり、原料利用率が大幅に向上し、醸造に必要な敷地面積も少なくて済むなど、効率的な生産技術である。また、1980年代にはミクロフィルターで完成品の酵素を完全にろ過精製する技術も開発され、火入れ殺菌しない「生酒」も常温で流通させることができるようになった。製造部門での労働力不足が問題となる中、工程の省力化、自動化への取組がおこなわれたのである。

日本酒の味を人工的に調整する方法も数多く開発された。水そのものもイオン交換樹脂等でろ過して矯正し、薬品の添加によって加工することが認められている。また、補酸するための添加物として、乳酸、コハク酸、リンゴ酸も使

用されることがある。日本酒は、まるで工業製品のように、低価格で均質的な大量生産体制を達成したのである。

4）日本酒の価格競争と流通チャネル

バブル崩壊後、1990年代にはディスカウント店で紙パック・PET容器入り日本酒が目玉商品となり、低価格化に歯止めがかからなくなった。2000年代には紙パック・PET容器入り日本酒が全出荷量の約半分を占めるようになった。日本酒の出荷量は、ピークだった1975（昭和50）年の約168万kℓから2015（平成27）年には約56万kℓと、市場規模は約3分の1となった。

1970年から何度か「地酒ブーム」は発生したが、そうしたブームから灘酒造家はほとんど無縁であった。灘酒造家が、全国に展開する複数の大手卸と取引し、どの店舗でも入手できる開放的な流通チャネルを採用していたことと関係がある。灘酒造家は、ほかの地域の小規模な蔵元が採用しているような、選択的な特約店制度を構築して流通チャネルをコントロールし、ブランドイメージを向上させるような取組ができなかった。「どの量販店でも入手できる」という日用品としての特性はもちながら、嗜好品として尊ばれることとは非常に難しかったのである。灘酒造家は、大手量販店の価格引き下げ圧力に対してほとんどなすすべを持たなかった。

日本酒は瓶詰されて店頭に並んでおり、消費者は通常、購入前に試飲することはできない。大規模小売業での販売はほとんどがセルフサービスである。消費者は、棚に並べられた商品をレジまで運んで購入する。陳列された数多くの商品の中で、品質の良さをアピールすることは容易ではない。資金力のある大手メーカーであれば、宣伝広告を広く行うことにより、大勢の消費者に商品名を覚えてもらうことができるかもしれない。しかし、日本酒蔵元は中小零細企業がほとんどである。

2000年以降、より多様な味わいを求めて、手作業による伝統的製法を復活させる蔵元が数多く出現している。機械での自動製造や、大きな発酵タンクでの一括製造では、常に変化する発酵過程に細やかに対応することはできないからである。手作業への回帰は、昔ながらの手法に単に戻ったのではなく、酒蔵

の新たな取組の一環であるととらえられる。ただし、こだわりの原料を使い丹精込めて日本酒を生産する造り手は、消費者に伝えたいことがあったとしても、セルフサービスによる販売では限りがあるため、販売方法を刷新する必要があるだろう。

Ⅲ　おわりに－伝統回帰と新たな革新－

　100 年以上の歴史を持つ老舗企業は全国で約 35,000 社あるが、業種別では清酒製造業が最も多く約 903 社あり、そのうち 413 社は江戸時代以前の開業である。ただ、清酒製造場数は 2017 年 12 月現在 1,254 社で、本社所在地 1 位は新潟県 84 社、2 位長野県 64 社、3 位兵庫県 57 社である。全国の売上高順位 1 位は白鶴酒造（本社は兵庫県神戸市）の 348 億円だが、酒類製造業として他の国と比較してみてもそれほど大きな売上規模とはいえない。100 億円以上の売上があるのは、灘では 3 社のみである（帝国データバンク，2017）。同一カテゴリーで低価格競争をしていては、売り上げを伸ばすことはできないし、何よりも高付加価値化できないのは明らかであろう。

　和食人気を追い風に、日本酒の輸出額が急増し、2016 年度は前年比 10％増の 155 億円と、7 年連続で過去最高を更新している。海外の日本食レストランは、2015 年の数値ですでに約 89,000 ケ所にのぼる（『日本経済新聞』2017 年 2 月 5 日付）。2017 年には日本と欧州連合（EU）は経済連携協定（EPA）で、両地域の地理的表示（GI）を保護し合うことを決め、関税撤廃も決定した。本格的な海外進出に際しては、商品の背景にある歴史や固有の物語が求められる。それは、長い間育まれた職人のクラフトマンシップや歴史を再発見する作業がともなう。すべての生産技術を江戸時代に戻すことはできない。どのような技術を残して伝承するかが問われている。1997 年の阪神淡路大震災では、戦争被害を免れた古い蔵の多くが倒壊した。日本酒需要の低迷が続く中、日本酒イベントや直営ショップ、レストラン・居酒屋経営など、灘酒造家は試行錯誤を続けている。

　農産加工物であり嗜好品である酒類の販売は、造る人、販売する人、消費す

る人を緊密につなぐ形が求められる。取引規模は小さくとも、長期的で、グローバルな広がりをもった「小さな流通」が再度見直されている。流通とは、「消費者が商品を消費して終わり」というような一方向の商品の流れを意味するのではなく、商品を通じた人と人とのつながりや循環を含めた概念である。大量生産や大量販売とは対極にある、「小さな流通」について、今後、研究を深めていきたい。

付記

　本章は、二宮麻里（2018）「灘酒の伝統と近代化をめぐる相克」『別冊 Muse 2016-2018 特大号』82 - 87 頁、帝国データバンク史料館、に大幅に加筆、修正したものである。

引用文献

帝国データバンク（2017）「特別企画：清酒メーカーの経営実態調査」12 月 21 日付。

詳しく知るための文献

北本勝ひこ（2012）「麹菌物語（生物工学基礎講座 - バイオよもやま話）」『生物工学』第 90 巻，424-427 頁。

永谷正治（1996）『酒米：山田錦の作り方と買い方』醸界タイムス社。

酒類総合研究所編（2002）「お酒のはなし」『酒類総合研究所情報誌』第 2 号。

二宮麻里（2016）『酒類流通のダイナミズム』有斐閣。

前田茂（1991）『私の酒米回顧録』醸界タイムス社。

第10章
ベンチャー・マーケティング論!?

小沢貴史

　ベンチャー・マーケティング論とは何か？　ベンチャー企業のマーケティング??　ベンチャーなマーケティング???　ちょっと何いってるか分からない。

　ベンチャー・マーケティング論という言葉を、インターネットで検索する。そのような講義科目のシラバスは、国内外でも見当たらないことがわかる。『ベンチャー・マーケティング論』は、大阪公立大学商学部で学ぶことができる、世界でも類を見ない講義科目であると考えられる。

I　ベンチャー？

　新事業に取り組むベンチャー企業には、明確な定義がない。資本金や従業員数などの基準で、大企業や中小企業と区別できるわけではない。ベンチャー（venture）の語源は、アドベンチャー（adventure）にあると言われている。アドベンチャーは、冒険という意味である。ベンチャーには、ワクワク感や未開拓の領域への挑戦というイメージを持つことができる。

　しかしベンチャーという言葉は、和製英語である。よって Venture Marketing と銘打って知識や考え方を世界に発信しても、通用しない。ではベンチャー・マーケティング論は、どのような英語表記になるのか？

1）Start-Up Marketing
　スタートアップには、行動や操業の開始という意味合いがある。米国のシリコン・バレーで GAFA、すなわち Google、Apple、Facebook（2021 年 10 月

より meta に社名変更）、Amazon.com などの企業を指す言葉として使われ始めた。日本を代表とする大企業も、1 人もしくは数人の起業家によって、新しい事業が興った。稲盛和夫（京セラ）、井深大と盛田昭夫（ソニー）、高原慶一朗（ユニチャーム）、鳥井信治郎（サントリー）、野村徳七（野村證券など、野村グループ）、本田宗一郎（本田技研工業）など、数多く存在する。

　しかしベンチャーには起業に加えて、既存企業が新事業へ果敢に挑戦することも含まれる。よって Start-Up Marketing では、学ぶ内容が半減する。

2）Entrepreneurial Marketing

　Entrepreneurial という言葉は、Entrepreneur の形容詞化したものである。Entrepreneur（アントレプレナー）という言葉を、インターネットで調べると、「きぎょうか」と訳されていることが多い。2 種類の「きぎょうか」が存在する。新事業を興す「起業家」と、企業組織や事業における既存の秩序を超克しようとする「企業家」である。これらの「きぎょうか」の為のマーケティングとなれば、ベンチャー・マーケティング論の伝えたいことと重なる。

　これらの「きぎょうか」に求められる要素を基軸としたマインドセットを、アントレプレナーシップ（Entrepreneurship）と呼ぶ。「きぎょうかせいしん」と訳される。何かをトコトン追い求め、伴われるリスクや失敗を恐れずに、様々な障害を克服し、志を実現しようとする強靭な精神であるとも言える。

　アントレプレナーシップは、ベンチャー企業の創業者の専売特許ではない。後継経営者や既存事業の改革の担い手、及び現役の管理者をはじめとした、様々な局面で新結合（イノベーション）を実行に移す人々全てに持って欲しいマインドセットであると言える。このアントレプレナーシップに根差したマーケティングが、ベンチャー・マーケティングであると言える。

　アントレプレナーシップには、次に示すような要素が基軸に据えられている。

　一つめは、構想を練る能力である。ある種の発想の豊富さが求められる。

　二つめは、その構想なり夢なりを実現させようとする情熱や使命感である。

　三つめは構想の実現に向けて、人々の協働を駆り立てる能力、四つめは既存の思考や習慣にとらわれない精神的な自由である。五つめは利害関係者と上手

く渡り合う能力、六つめは社会的な抵抗勢力と戦う闘争心である。

　バブル経済の崩壊後、失われた10年や20年と言われるようになった。呆れた30年とまで揶揄する向きもある。電機や半導体など多くの産業で、日本企業が国際競争に勝てなくなった。このような状況が10年以上も続いていると、国際競争に負けているということをあまり気にしなくなったのではないか。分かっちゃいるけど、事実から逃げているということもあり得る。

　いずれにせよ、競争意識や負けん気が薄らいではいないか。そもそも勝利を収めることが出来ず、「くやしい！」と奮起しなければ、強くなることはできない。厳しい競争に身をさらしていく中で、「負けている」という事実が許されない。だから企業は創意工夫をし、リベンジを果たすために努力をする。

　とはいえ「きぎょうか」固有の考え方や物事の見方、信念、価値観であるマインドセット、心や意識、気構え、気力などといった「きぎょうか」精神だけが旺盛であっても、行動が伴われなくては、新たな事業への果敢な挑戦や、その後の事業の継続と成長は難しい。では、どのような行動様式を採用すれば、経営成果を高めることができるのか？

　アントレプレナーシップで駆動された「きぎょうか」の行動様式として、企業家的志向性（Entrepreneurial Orientation；以下では、EOと略記する）という概念がある。EOの本質は、既存よりも新規、守りではなく攻め、分析よりも大胆な行動を重視する点にある。EOは、次の5つの要素から構成されている。

　一つめは、先駆性（proactiveness）である。まだ見ぬチャンスを、ものにするよう、大胆かつ積極的に意思決定を行う。先駆性の高い「きぎょうか」は、競合他社が現れる前に主導権を握り、先に事業機会を押さえる状況を創り出す。また将来の顧客のニーズに対して、能動的に掘り当てようとする姿勢や行動が際立っている。ある事業アイデアの実現で困難に陥る、または提案価値が顧客から好まれていないことがわかる。すると「きぎょうか」は、別の事業アイデアにピボット（方向転換、路線変更）する。しかしピボット前の事業アイデアに対して、顧客の全てが好んでいないわけではない。ピボットを意識した先駆性は、「きぎょうか」にとって生存と成長のために欠かせない。しかしピボット前の提案価値を支持する顧客を、易々と見放すことにもなりかねない。高齢

者や障がい者の介護・福祉、子育て支援、まちづくり、環境保護、地域活性化
など、地域や社会が抱える課題について、ビジネスの手法を用いて解決に取り
組むソーシャル・ビジネス。その課題解決の当事者である顧客（受益者）は、
ピボットを通して「きぎょうか」に見放されると、解決できない社会的な課題
に苛まれ続けることになる。好きなことをして、お金がもらえる機会を創造す
る。しかし好きなことが上手くできない、お金がもらえない場合、「きぎょうか」
は機敏にピボットをすることによって、新たな事業機会を探索する。すると「き
ぎょうか」の好きだったことに対して、課題解決に資する価値を見出していた
顧客の希望が潰える。ひいては顧客に、不満足を募らせる。そのような点を割
り切って、「きぎょうか」は好きなこと探しに邁進するか。それとも当初の好
きなことにこだわり、お金がもらえないボトルネックの解消に精進するか。ど
ちらが正解というものではない。「きぎょうか」の生存と成長、および顧客（受
益者）の課題の解決との間には、時として相矛盾する要請がある。この矛盾す
る要請を、いかに克服して発展を遂げるか（伊丹・加護野，2022）。

　二つめは、創新性（innovativeness）である。新しい事業アイデア、創造的
な事業の仕組みを積極的に導入したり、技術面でのリーダーシップを主体的に
発揮したりする。

　三つめは、リスク負荷（risk-taking）である。まず目的を達成するためであ
れば、大胆かつ広範囲にわたって、その可能性を探し続ける。そして不確実性
は高いが、将来のリターンが大きな事業に対して、多くの資源を投入して経営
を実践する。実践の先にある、起こりうる可能性について、確たる知識を持つ
ことがなくても、危機意識を持ちながら意思決定や行動をとる。

　四つめは、競争的攻撃性（competitive aggressiveness）である。競争で勝
つための仕組みと行動を見出す。競合他社と比べて劇的に安い価格で市場に参
入したり、上手くいっている競合他社の実践や技法を模倣したり、機を狙って
技術の導入や新しい製品・サービスの発売にまつわる情報を発信したりする。
競争の激しい市場では、迎える脅威を克服し、自社の地位の改善を図る。競合
他社の報復に対しては、「やられたら、やり返す、倍返しだ！」の姿勢で臨む。

　五つめは、自律性（autonomy）である。事業コンセプトやビジョンを推進

し、完遂させることを目指した、個人やチームによる独立した行動を可能にする能力のことを指す。企業家の創造的な発想を促すために、既存の組織とは別のチームやプロジェクトを立ち上げている会社も見られる。会社は、企業家が主導するチームやプロジェクトを支援するような価値観や行動規範を社内で共有し、褒賞制度などを整備する。そのチームやプロジェクトには、会社への報告を義務付けないなど、本業から独立した業務活動を認めている。チームの活動が上手くいっていないとき、会社は支援を差し控えないようにして、じっと見守り続ける（加護野ほか編，1999）。

Ⅱ　マーケティング？

　ネットショッピングのサイトやリアルの書店、図書館などへ立ち寄ってみると、数多のマーケティングの書籍を目にする。営利企業の実践の中で鍛えられたマーケティングの知識や考え方は、非政府組織（NGO）や病院などの非営利組織（NPO）にも通用し得る。また街の賑わいを取り戻すことに向き合っている、行政や地域の人々にも活用し得る。マーケティングの知識や考え方は、経営課題に限らず、社会的な課題に対してまで、その適用範囲は広い。

　マーケティングが繰り出される舞台は、市場である。市場とは、売り手である企業（群）が競争をしながら、買い手である顧客（群）と、製品やサービスに関する取引を行う場の事を指す。また製品やサービスを製造・販売している企業（群）に対する、顧客の集まりでもある（小沢，2021）。自社が優れた技術を有していたとしても、その技術力を活かすことができず、製品やサービスの開発に失敗したり、顧客に支持されなかったりすることもある。

　販売とマーケティングは、似ているようで、異なる部分がある。販売（selling）は、つくられた製品やサービスを、売ることを指す。これに対してマーケティング（marketing）は、そもそも売れる製品やサービスを、つくることを指す。何が異なっているのか？　これらの意味するところを、吟味してほしい。

　販売（10-1）とマーケティング（10-2）のマネジメントの流れを示した。

　図 10-1 にあるプロモーションとは、顧客に向けて、製品やサービスに関す

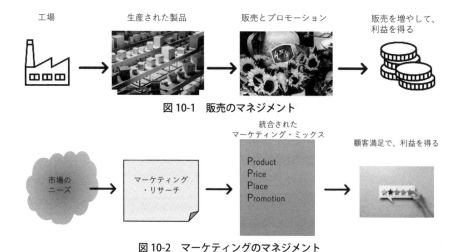

工場　　　　　生産された製品　　　　販売とプロモーション　　　販売を増やして、利益を得る

図 10-1　販売のマネジメント

統合された
マーケティング・ミックス

顧客満足で、利益を得る

市場のニーズ　　　　マーケティング・リサーチ　　　Product Price Place Promotion

図 10-2　マーケティングのマネジメント

る説得的な情報を伝達する販売促進活動のことを指す。広告や営業、展示会の開催、試供品の配布などが含まれる。図 10-2 にあるニーズとは、お腹が空いたなど、顧客が欠乏を感じている状態のことを指す。ニーズには、潜在的や無意識といった、顧客自身がハッキリと自覚していない状態も含まれる。顧客の状態であることから、基本的には、売り手である企業群がニーズを作り出すことはできない。よって顧客のニーズを探り、時には潜在的なニーズを掘り当てる（伊丹，2012）、マーケティング・リサーチが必要となる。

　マーケティング・リサーチとは、売り手が直面している特定状況を明らかにする、市場の調査のことを指す。顧客の購買や使用に関する意図・行動、ライフスタイルの情報などが収集され、分析がなされる。その結果、市場の特性や潜在力、顧客の手元に価値を届ける流通経路の動向などの情報が引き出される。開発している製品やサービスは、顧客の候補となる一般生活者や組織に、受け入れらないというリスクが内在している。そのリスクを回避する為には、マーケティング・リサーチを実施し、彼らの受容性を測定した上で、意思決定をする。さすれば、そもそも売れる製品やサービスをつくることができる。

　マーケティング・ミックスとは、ターゲットとする顧客が集まっている市場で、企業が目標を達成するために使用する、マーケティング用具の集まりのこ

とを指す。それは、Product（製品・サービス）、Price（価格）、Place（流通経路・顧客との接点）、Promotion（販売促進）という 4P から成り立っている。販売とマーケティングの違いを、4 つの観点から整理した（表 10-1）。

表 10-1　販売とマーケティングの本質的な役割

	販売	マーケティング
課題	いま手元にある製品やサービスを、顧客にシッカリと売り込む	成長の仕組み（顧客の創造と維持のための仕組み）づくり
活動	直接、顧客の許に行き、説明・推奨・説得を行う、身体を使ったアクションが中心	売り込む以前に、いかに売れるかを考える頭脳活動（創造と分析）が中心
目的	今日の糧を稼ぐこと	明日の糧を得ること
志向	・収穫作業（売込み実行） ・戦術（物事を正しく行う） ・今日の効率を優先	・成長の種まき ・戦略（正しいことを行う） ・明日の効果を優先

　地域などを限定しながら、低コストで高い広告効果を生み出す、ゲリラ・マーケティングという手法がある。マスメディアへの広告は 1 回で、数千万〜数億円を要する。資金面で潤沢とは言えない起業家が、効率良く販売促進を行う上で、ゲリラ・マーケティングは有効な手法である。

　第一に、日常生活で目にすることの多い公共施設などに広告を出す手法である。驚きを持つような奇抜なアイデアを駆使した広告を用いることで、一般生活者に強いインパクトを与える。ペットのノミ・ダニ予防の薬を販売するFrontline は、とある施設の床一面に犬の写真が入った広告を貼り付けた。ある特定の角度から眺めると、この広告の上を歩く人が、ペットのノミやダニのように見えるというものである。またバスや電車の車体のラッピング広告をはじめ、公園や駅のベンチ、電車の吊り革などに広告を貼り付ける手法もある。更に、ビルの壁などに広告を投影するプロジェクション・マッピングなどの手法もある。プロジェクション・マッピングは、テレビなどのマスメディアにも取り上げられやすく、話題性が高い。ただし事前の許可申請が必要など、様々な配慮が欠かせない。やり方を間違えると、近隣住民から苦情がくる。

　第二に、フラッシュモブの活用である。SNS（ソーシャル・ネットワーキング・サービス）などを通じて不特定多数の人々に呼び掛け、見知らぬ人々が集まる。その群衆（モブ）が駅や公園など街中の公共の場で、ダンスなど予め決められた行動を執る。デモや抗議集会などのように、政治的な意図を含まない。

その行動を、その場で共有するだけであり、参集した人々は見知らぬままに解散する。このフラッシュモブに、製品やサービスの広告宣伝を便乗する。フラッシュモブを現地で観覧できるだけでなく、YouTube などの動画サイトに投稿することで、広告宣伝が拡散される。フラッシュモブによるサプライズで、見た人々が感情的な反応を引き起こし、販売を促す。

　第三に、ステルス・マーケティングである。いわゆるステマは、意図的に、場合によっては秘密裏に、目立たない方法で製品やサービスを売り込む。「バズり」を生み出す必要があるため、よく考えた広告内容を作る必要がある。SNS などの口コミを利用して、広告宣伝を拡散させる。売り手側から一般生活者へ、情報の拡散をお願いする。情報の中には、偽りのものも含まれることがある。グルメサイトでの口コミの操作や、SNS 上で影響力を持つインフルエンサーに依頼して、広告宣伝であることを隠しながらネットで好意的な記事を書いてもらうといった事件が頻発している。「サクラ」や「やらせ」と呼ばれていた手法と類似しているが、日本では法律による規制がない。これらの事件の発生により、「口コミは信頼できる」という一般生活者の期待が裏切られ、真摯に情報を発信している企業や純粋な口コミでさえもステルス・マーケティングではないかと疑われるといった悪影響も出ている。

　ゲリラ・マーケティングは、少し奇抜なやり方で、一般生活者の心を揺さぶるようなサプライズを演出する。世界に見る起業家のペルソナから考えても、濡れ手で粟を期待することができる。世界に見る起業家の平均像では、中退歴のある中年や既婚者が、「他所で働きたくない」「生活に逼迫している」という動機から創業している。IT やバイオ、創薬というよりは、これまでの彼らのキャリアを活かして、建設や自動車修理など、ローテクな分野での起業が多い。そして資金繰りが芳しくなく、5 年以内に消える傾向が高い（Shane, 2008）。これらはあくまで平均像に過ぎないが、ドラマ化されやすいサクセス・ストーリーやアメリカン・ドリームからは程遠い。事業活動への資源に乏しい起業家にとって、コスパの良いゲリラ・マーケティングは、有り難い。

　しかし販売促進のつもりで展開しても、やり過ぎによって、逆に一般生活者を不快にさせかねない。ゲリラ・マーケティングが、ベンチャー・マーケティ

ングの本質と言えるのだろうか。

　まず行っていること自体が、コンプライアンス（法令遵守）を徹底しながら、多様な利害関係者からの要求に対して、適切に対応しているのか疑問が残る。

　続いて CSR（企業の社会的責任）という点においても、実践を省察する必要がある。企業は、社会に生きる一市民であると言える。公共的な取り組みや、社会の発展への企業の貢献に資する実践を、ゲリラ・マーケティングは行っているのか。売り手側の利益を取るか、人の道を取るかの土壇場では、いつの世にも通じる人の道を選ぶという「世間よし」に資する活動に適うのか、疑問は残る。過度に利益を追求するあまり、世間に害を与えてはならない。売り手も買い手も、そして一般生活者たる世間も含めた全体の幸福に繋がることで初めて、事業は成り立つ。事業を展開するには、舞台となった地域の人々の理解が得られなければ、成功はしない。よって売り手と買い手、そして世間の間で爽やかな共感が得られるような、提案価値とコミュニケーションが必要となる。その三方よしに適った実践たりうるのか、ゲリラ・マーケティングは問われる。

　最後に広告宣伝、すなわち販売促進だけが、マーケティングなのか。確かに「マーケティング ＝ 広告宣伝が上手いこと」と誤解されるほど、マーケティングではメジャーな存在が販売促進である。しかし製品・サービスや価格、流通経路に関する実践も、マーケティングである。

　マーケティングで大切なこと、それはズバリ、「方向性の正しさ」である。「どれだけ上手くできるか（How）」よりも、「何をすべきか（What）」が大切となる。いかに知識や経験をたくさん持って、ある事を他社より上手くできても、提供されるものが顧客にとって必要のないものであれば、全く意味がない。ある分野のことを長く続けていると、その分野のことを他の人よりも上手くできるようになる。そして続ける期間が長くなるほど、誰も真似ができなくなるほど上手くこなすことができるようになる。

　しかし経営やマーケティングという視点から捉えると、1つの落とし穴がある。他社よりも上手くできてしまうが故に、ついつい「どれだけ上手にできているか」だけが頭を占めるようになり、「何をすべきか」という問題を置き去りにしがちとなる。確かに「正しいこと」を「上手く」できれば最も良いが、

それは一朝一夕にできるというものではない。

　ならば、まず下手であっても、「正しいこと」をするということを目指す必要がある。「正しいこと」さえできれば、努力次第でいつか「上手く」できるようになるからである。最も悪いことは、「間違ったこと」を「上手く」できてしまうことである。古今東西の企業不祥事の事例が、そのことを物語っている。「上手く」できてしまうが故に、別の「正しいこと」をする気になれず、「間違ったこと」を次々と続けてしまうこととなりかねない。

Ⅲ　顧客に寄り添い、自分たちのできることを

　起業家予備軍との会話の中で、次のような言葉を耳にすることが多い。

　「老若男女に受け入れられる製品（サービス）を作って、多くの人々に買ってもらい、千客万来を実現させたい。」

　起業家や予備軍は、事業の経営に必要な資源、つまりヒト、モノ（部品や材料、設備機器）、カネ、情報（知識や技術、顧客からの信用など）からなる経営資源が潤沢ではない。彼らが事業の継続と成長を図っていくためには、顧客から出来るだけ多くの需要を獲得させたいと考えることは当然のように思える。顧客を選別している場合ではないという声も、耳にする。

　老若男女や国内外を問わず、特定の製品やサービスに対して、顧客の求める要素は一様と言えるだろうか。例えば食生活を考えると、一人暮らしの生活者は、内容量が少ない食品を求めているとは限らない。買い置きをするために、仲間たちを自宅に招いて食事を振る舞うために、一度の食事でたくさん摂取したいためになど、様々な目的によって大容量の食品を求めることもある。また携帯電話の場合、動画や音楽の再生、カメラなど様々な機能を持つ端末が万人受けするとは限らない。電話だけできればよく、不必要な煩わしい機能は必要ないという顧客も存在する。一方で電話の機能よりも、とにかくメールの送受信やインターネットの検索と閲覧、SNS をサクサク活用したいという顧客も居る。とにかく、カッコいい端末を持ちたいという顧客も居る。

　一つの製品（サービス）で、すべての顧客を満足させることができるだろう

か。最近は One to One やカスタマイズなどといって、多様な顧客1人1人の違いに応じた異なる製品やサービスを提供したり、プロモーションや接客を個別に行ったりする動きも見られる。しかし特段の仕組みがない限り、それはコストがかかり、結果として提供する製品やサービスは高価なものとなる。経営資源に乏しい起業家であれば、なおのこと難しい。

不特定多数の顧客（候補）の声に引きずられ、振り回される現実がある。皆の満足を目指して得られるものは、皆の不満足となる。「二兎を追う者は、一兎をも得ず」である。起業家と企業家も含めた「きぎょうか」にとって、「選択と集中」が必要となる。寄り添うべき顧客を絞り込み、経営資源を集中して投下した価値の提案を行うことが肝要となる。向き合う相手に照準を合わせると共に、向き合わない相手を決めることが、「きぎょうか」に求められる。

「一兎しか狙わないなんて、小さすぎて、事業の継続と成長ができなくなるのでは。」

起業家予備軍であれば、そのような不安の声が出てくることもおかしくはない。ターゲット以外の人々の中には、口コミサイトなどで罵倒する者も現れるかもしれない。しかし事業の継続と成長を願うならば、ターゲット以外の人々からの不満足について、ある程度は割り切るという勇気が必要である。ターゲット以外の人々を憤慨させても、収益を得ることができる考え方がある。その考え方で、本当に上手くいくのか？ でも、やってみることである。

「一点突破・全面展開」という考え方がある。まずターゲット顧客を設定し、彼らに寄り添う価値を、製品やサービスで表現し、提案する。その製品やサービスがターゲット顧客に受け入れられて、一点突破を図る。そして多くの購買に結びつけていくことで、全面展開を図る。

自社の製品やサービスを買う顧客を見つけ、継続的に買ってもらう。その製品やサービスのヒットにより、開発・販売した企業が顧客からの信頼を得る。これが、次の新製品への需要に結びつく。同じ顧客に対して、自社の様々な製品やサービスを、できるだけ多く、かつ継続的に買ってもらう。パソコンに関連して、マウスやブルーライトをカットするディスプレイ用のフィルターなどを組み合わせて買ってもらう場合（Cross-selling）もあれば、将来的にはスペックの高いパソコンの購買を促していく場合（Up-selling）もある。顧客との関

係性を、構築（Get）から維持（Keep）、そして発展（Grow）させることで、一点突破・全面展開を図ることができる。それを実現する仕組みを、どのように創るか？　「きぎょうか」の能力と知恵が問われる。

　またターゲット顧客での成功により、ターゲット以外の人々からの需要を喚起するという、一点突破・全面展開という流れもある。Panasonic の Let's note というノートパソコンは、発売当初、過酷な条件下で働く人々を、一点突破となるターゲット顧客に設定した。過酷な条件下で働く人々とは、作業服や制服を着ている人や、仕事でスニーカーを履いている人と表現することもできる。米国では、警官や軍隊、運輸業者など、揺れる車内でノートパソコンを使う人や、飛行機などの組み立て作業者を当初のターゲットとしていた。このような過酷な条件下で働く人々に対して、Let's note は、長時間の駆動が可能な電池の搭載を始め、水濡れや粉が舞っても使用できる、誤って落としても衝撃や振動に強い、直射日光の下でも画面が見やすい、温度差にも強い、広い工場の何処で作業をしていても電波を拾うことができる、手袋のままでも操作が可能などの価値を提案した。ターゲット顧客に寄り添った価値の提案が需要を獲得し、Let's note はヒットした。そのヒットの評判が拡散した結果、ターゲット顧客に寄り添って提案された価値が、ターゲット以外の人々にも広く受け入れられるようになり、全面展開を遂げた。

　さらに現在の事業領域で生き残るために努力をすることが、次の事業展開に必要な経営資源の蓄積をもたらすこともある。シャープとカシオの電卓事業における競争は、電卓の多機能化や薄型化を実現する技術の蓄積を、両社に促した。その一点突破という経験で蓄積された技術を、液晶テレビや、デジタル・ウォッチ、電子楽器などの事業分野への多角化に活用するという全面展開を行った。自社にとって、まだ見ぬ市場に生じる脅威を、経営資源の持つ強みを活かして克服することで、更なる成長を遂げることを可能にした。

　一点突破・全面展開は、本田技研工業による米国のオートバイ市場への進出や、ヤマト運輸による宅急便市場の創造など、企業家の事例に事欠かない（網倉・新宅，2011）。企業家に限らず、ロイヤルブルーティジャパン（吉本，2015）や味千ラーメンの事業実践（小田部ほか，2017）など、一点突破・全面展開

の論理は起業家にも適用し得る。その論理は、次のとおりである。まず絞り込みが、狭いながらも成功する。その最初の成功から、経営資源を集中してこなかった顧客層や事業分野に、様々な波及効果が生まれる。そして、次の成功へとつながる。絞り込みと経営資源の集中は、ターゲットの狭さに伴う「得るものの少なさ」というデメリットだけをもたらすわけではない。波及効果を上手く活用した戦略には、小さな力で、重いものを持ち上げるテコの原理が働いている。「一兎を徹底して追う者は、結果として二兎を得る」である。

　そのためにも、まずは現場に行き、顧客に寄り添うことが必要である。一兎となる相手に共感し、その人と同じ目線に立つ。顧客に寄り添うと、様々なことが解る。顧客の抱える不憫・不満・問題点を見出すことが可能となる。

　顧客に寄り添って解ったことから、「その人のために、自分は何ができるのか」を考える。すると、現場発の洞察が得られる。それは「きぎょうか」にとって、事業実践を支える知的な源泉となる。「顧客に対して、どのようにして役に立ちたいのか？」「どのようにして、顧客のためになりたいのか？」に対する解を、顧客に提供する必要がある。見出された不憫・不満・問題点が、既存の製品やサービスでは解決の困難なものであるほど、その解決策としての新しい製品やサービスは、需要の獲得に結びつく。顧客の立場から「これはどうか、あれは如何か」と試行錯誤を重ねたり、何度も自身や顧客に問いかけ続けたりする必要がある。「自分だけが正しい」と思っていては、成るものも為らない。顧客に寄り添い、自分が変わる。そして製品やサービスの開発と販売を通して、顧客の希望を触発するような価値を提案する。いわば「自分が変わり、相手が変わる」ような、自由闊達なコミュニケーションを行う必要がある。

Ⅳ　事業機会と新たな市場の創造

　過去のデータは、観察することができる。しかし未来のデータは、観察できない。過去のデータの延長線上に、未来があるとは限らない。たとえ未来の新製品について、消費者に調査を行ったとしても、当の消費者は開発担当者ほど新製品について真剣に考えていない。消費者は過去の経験から、質問票に回答

することが精一杯である。調査をしなくても分かるような常識的な回答しか得られないことが、関の山である。このようなマーケティング・リサーチから、優れた新製品のアイデアを期待することは難しい。

　大量のデータを収集し、精緻な数理モデルで分析したとしても、不確実性や不安定性の高い未来を正確に予測することは難しい。未来を予測して、リスクをマネジメントする。というよりも、未来を変える覚悟を持って、新たな事業を創造する。新たな事業で提供される製品やサービスが、世の中に浸透する。同じカテゴリーにおいて競合他社も、同質的ないしは差別性の高い製品やサービスを提供する。その結果として、新しい市場が創造される。

　ならば、マーケティング・リサーチは無用の長物なのか？　そんなことはない。マーケティング・リサーチによって、未来を想定できる。その上で逆算して、新たな事業を創造する。「いま・ここ」で準備を始めて、新しい市場を創造する。未来は、走り続けながら考えることで生まれる。

　マーケティング・リサーチから得られるデータは、使いようである。データとの対話の中から、重要な発見が生まれる。見慣れたデータであっても、その根っこにある顧客の存在に思いを馳せることで、新たな認識を確立できる。

　機会（opportunity）とは、事業などを行う上で、ちょうど良い時機を意味する。私たちの身の回りでは、気候の変動や化石燃料の枯渇を懸念して、廃棄物のリサイクルが次々と行われている。価値ある製品にリサイクルされるような廃棄物は、「きぎょうか」にとって、新しい事業機会を産み出す有用な経営資源となる。これまでに誰も注意を払ってこなかったという理由で捨て置かれていた資源、あるいは特定の用途で使い切ることのできなかった余剰資源は、事業や市場の現実に対する視点を切り替えるリフレーミングによって、新たな提案価値の源泉となる（栗木ほか編，2012；小沢，2021）。金槌が目の前にあったならば、「この金槌を使えば、何ができるか？」だけでなく、「釘を打つこと以外に、金槌ができることはないか？」と自問自答をする。「他に、何かできることはないか？」と繰り返し問うことで、リフレーミングは醸成される。

　新奇性の高い創造的な可能性を導出するリフレーミングは、競合他社が気付かない、もしくは気付いても手がけることが面倒で敬遠している限り、自社に

とっての新たな事業機会の源泉となる。「きぎょうか」を取り巻く経営環境や資源、これまでの実践に対して、認知を変えることで、運を変えていくことは可能である。てっきり運が悪いと思っていたことも、見方を変えれば、幸運の始まりということもある。また「当たり前」から、「有り難い」ことも生まれる。

　事業機会は、ビビッとくる電気ショックから生じるわけではない。「きぎょうか」は、極上の事業アイデアや、5,000億円もするような絶好の機会を待つ必要はない。実行可能な解を見つけることができそうな単純な問題や、手がけてみると面白そうなことから始めてみる。そして、しばらくは試行錯誤をしてみる。「石の上にも三年」とも言う。事業にしろ、市場にしろ、アイデアに何らかの行動を加えると、機会となる。機会は、何か事を始めた結果として創造される。よって直ちに利用できるもの、例えば「きぎょうか」自身や、有する知識、利害関係者がある程度まで揃っていれば、事業に向けた行動を開始すべきである。新たな事業や市場に関する機会は、顧客や従業員、パートナー（協力者）との交流や対話の中でも創出される。エスティ・ローダーは、スキンケアやヘアケア用品、化粧品、および香水の世界的な企業である。創業者の一人であるエスティ・ローダーさんは、美容院で座ってヘアドライヤーをかけている女性を観察し続けた。そしてヘアドライヤーをかけている間は、やるべきことが何もないことに気づいた。彼女は、エスティ・ローダー社のクリームとローションを使って、美容院の顧客に無料で化粧を施した。ほとんどの美容院の顧客は快諾し、その製品の良さを実体験し、自宅用に何点かを購入していった。

　機会に対して偶然や、幸運な偶然を手に入れる力でもあるセレンディピティが関わることで、新しい事業や市場は創造される。想定やコントロールの難しい偶然を、問題やコストと捉えず、新しい事業や市場を創造するための経営資源とみなす。だから偶然に出会う人や出来事をも、大事にする。機会を創造することで、不確実な中にも方向感覚を持っていれば、多少は偶然に身を任せても良い。その中で、事業活動にとっての掘り出しモノに出くわすこともある。それは、事業活動に対して可能性の幅を広げることに役立つ。「きぎょうか」の活動は、日常生活上の制約や可能性の中で実行できるものが多い。思い立てば、何らかの構想が浮かべば、いつでも新しい事業を立ち上げることができる。

そのためには、偶然性を楽しむ、偶然性を誘発するような方向感覚が必要である。新しい事業や市場を創造する上で、偶然が生じるか否かが重要ではない。むしろ偶然から、創造する上でのメリットが得られるか否かが重要である。

　事業アイデアが生まれ、それを誰かに話す。実際のところ、そのアイデアを周囲に話さない起業家や予備軍は多い。自分の事業アイデアを話したところで、他者からネガティブな意見やコメントが返ってくることを恐れる気持ちがあるという。また事業アイデアに対して、ひどい評価やフィードバックが返ってきた場合、起業活動を続ける意欲がなくなるという声も聴かれる。

　しかし起業家自身が思っていること、目指していることを、気楽に他者に説明した方が良い。他者から、いろいろな意見や新しいアイデアが返ってきたり、意外なコメントが投げかけられたりするからである。忖度のない、自由な意見を他者から得た方が、意外な発見がある。また自身が何を言いたいのか、起業を通して何を目指しているのかについて、段々とハッキリしてくる。

　起業家予備軍とカギとなるパートナーの候補群との間で、事業アイデアのキャッチボールを行う。アイデアのボールを投げ、受け取ればシッカリと返す。起業家単独で考えたり、内々に籠ったりしない。まずは、他者に言ってみることが大切である。他者は、ある意見を聞けば、それにキチンとコメントや問いかけをする。事業アイデアのキャッチボールから、アイデア自体は進化する。しかし最初にボールを投げなければ、何も始まらない。自分から問いかけて、自分から相手を知って、自分を認めてもらう。初対面こそが、大切である。

　ベンチャー・マーケティング論とは何か？　ベンチャー企業のマーケティング ??　ベンチャーなマーケティング ???　もう、どっちでもエエわ！　ベンチャー・マーケティング論で提供する考え方は、小さな企業の大きな力となり得る。それは、起業家だけのためになるというわけではない。大きな会社の、小さな事業にとっての大きな力にもなり得る。企業家の役にも立つ知識を提供する。またワクワク感を持ちながら、未開拓の領域への挑戦を促すマインドセットや行動様式、マネジメントと仕組みづくりの要諦を追究している。

　マーケティングは、反芻するほど、役立つ知識が創造される。顧客への洞察や将来を見通す力であるインサイトが迸り、商いの実践に磨きがかかる。

マーケティングとかけて、スルメイカと解く。そのこゝろは、噛めば噛むほど、味が出る。

引用文献

網倉久永・新宅純二郎（2011）『マネジメント・テキスト 経営戦略入門』日経 BP マーケティング。

伊丹敬之（2012）『経営戦略の論理 第4版：ダイナミック適合と不均衡ダイナミズム』日経 BP マーケティング。

伊丹敬之・加護野忠男（2022）『ゼミナール 経営学入門 新装版』日本経済新聞出版。

小沢貴史（2021）『市場再活性化のメカニズム』千倉書房。

加護野忠男・山田幸三・関西生産性本部編（1999）『日本企業の新事業開発体制』有斐閣。

栗木契・水越康介・吉田満梨編（2012）『マーケティング・リフレーミング—視点が変わると価値が生まれる』有斐閣。

小田部正明・栗木契・太田一樹編（2017）『1 からのグローバル・マーケティング』碩学舎。

吉本桂子（2015）『わが社のお茶が 1 本 30 万円でも売れる理由 ロイヤルブルーティー 成功の秘訣』祥伝社。

Shane, S. A（2008）*The Illusion of Entrepreneurship*, Yale University（谷口功一・中野剛志・柴山桂太訳（2017）『［新版］〈起業〉という幻想：アメリカン・ドリームの現実』白水社）.

詳しく知るための文献

小川進・北村祐花（2016）『はじめてのマーケティング』千倉書房。

楠木建（2022）『絶対悲観主義』講談社。

常盤文克・片平秀貴・古川一郎（2010）『いま・ここ経営論 戦略なき戦略のパラドックス』東洋経済新報社。

Osterwalder, A and Y. Pigneur（2010）*Business Model Generation: A Handbook for Visionaries, Game Changers, and Challengers*, Wiley（小山龍介（訳）（2012）『ビジネスモデル・ジェネレーション ビジネスモデル設計書』翔泳社）.

Sarasvathy, S. D.（2008）*Effectuation: Elements of Entrepreneurial Expertise*, Edward Elgar Pub（加護野忠男監訳・高瀬進・吉田満梨訳（2015）『エフェクチュエーション 市場創造の実効理論』碩学舎）.

第11章
ソーシャル・マーケティングへの招待

小林　哲

I　マーケティングの社会性

　ソーシャル・マーケティングは、社会志向のマーケティングすなわち企業で培ったマーケティングの考え方や手法を経済的価値のみならず社会的価値向上のために使用することを意味する。本章の目的は、その概要を紹介することにあるが、その前にソーシャル・マーケティングの基礎となるマーケティングそのものに関して簡単に触れておこう。

1）マーケティング誕生のきっかけ
　マーケティングは、営利を目的とする企業が販売活動を効果的効率的に行う方法を研究するため、20世紀前半にアメリカ合衆国（以下、アメリカ）で誕生した学問である。そのきっかけとなったのが、18世紀中頃から19世紀初頭にイギリスで始まり、その後世界に広がった産業革命である。イギリスの産業革命は、蒸気機関の発明による繊維産業などの機械制工業がその代表としてあげられるが、マーケティングの観点から重要なのは、蒸気船や蒸気機関車がもたらした物流革命である。と言うのも、これらの蒸気機関を用いた交通網の発達により、企業の販路となる市場が飛躍的に拡大したからである。
　一方、南北戦争の終焉後に本格的に始まったアメリカの産業革命は、私たちに身近な加工食品や日用品などの消費財の生産に大きな影響を及ぼす。連続加工機械の発明により、消費財の生産能力が飛躍的に向上したのである。その生産能力向上は驚異的で、たとえば、ボンサック（James A. Bonsack）が発明し

た「自動紙巻きタバコ製造機」（1881年特許取得）は、熟練工でも1日3,000本が限界だった紙巻きタバコを、1台で1日120,000本以上製造することを可能にした。この機械15台で当時のアメリカの全需要を賄えたというから、その生産量がいかに凄かったかわかる（Chandler, 1977）。

　このアメリカの産業革命による供給量の増加は、当初、同じく産業革命による交通網の西側への拡大と移民の増加がもたらす需要量の増加によって吸収された。しかし、次第に供給量の増加が需要量の増加を上回るようになり、アメリカ経済は、19世紀末に慢性的な供給過剰状態に陥る。

　そして、この慢性的な供給過剰状態が企業に新たな課題をもたらす。それまで、企業は、いかに供給量を上回る需要量に対応するか、すなわち「生産力」の向上が最大の課題だった。しかし、産業革命により、それが解消されるとともに、有り余る生産力に見合う「販売力」の向上が、企業の最重要課題として新たに浮上したのである。

2）販売活動のイノベーション

　慢性的な供給過剰状態において、企業が販売拡大のため最初に行ったのが価格の引き下げである。価格の引き下げは、実質的な所得増となり、一人当たりの購入量の増加をもたらすとともに、所得の制約によりそれまで買うことが出来なかった人の購入をもたらす。

　そして、産業革命による労働集約的生産方式（手工業）から資本集約的生産方式（機械制工業）への移行は、この価格引き下げにプラスに作用する。なぜなら、資本集約的生産方式は、規模の経済性が機能し、生産量が増えるほど製品の単位当たりコストが下がるため、価格引き下げによる販売拡大に対するインセンティブが働くからである。こうして、資本集約的生産方式に転換した企業は価格引き下げによる販売拡大すなわち価格競争に突入することになる。

　しかし、価格競争が販売増をもたらし、それが製品の単位当たりコストを引き下げ、それを原資にさらなる価格競争を行うという価格競争の好循環が起きるには一定の条件が存在する。条件とは、市場全体が拡大するか、競争相手が市場から退出するかだが、価格引き下げによる市場拡大には限界があり、競争

相手も、初期投資が高まるため、それを回収するまで簡単に退出することができず、売上が増加しない中での価格競争は、自らの利益を吐き出すだけになる。

　そこで、企業は、価格競争以外の販売拡大策として、販売員活動や広告活動に力を入れる。しかし、これらの販売拡大策も、初めは効力を発揮したものの、売らんが為の強引な販売員活動や、効果を過度に誇張する誇大広告が行われ、人々の反感を買うようになり、価格競争と同様、壁にぶつかることになる。

　ここで登場するのがマーケティングである。マーケティングは、「売る」ことを考え直すことから生まれた。製品を売るには、それを「買う」人が必ず存在する。そこで、「どう売るか」ではなく、「なぜ買うか」から販売活動を考え直したのである（図 11-1）。人々が製品を買う理由がわかれば、それに対応することで人々は喜んで買ってくれる。経営学の父と言われるドラッカー（Peter F. Drucker）の「マーケティングの理想は販売を不要にすることである」という言葉は、このことを端的に表している（Drucker, 1969）。

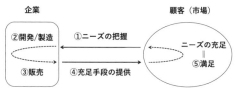

図 11-1　マーケティングの基本的考え方
出所）筆者作成。

3）マーケティングの DNA

　マーケティングがもたらした販売のイノベーションは、「売る（企業目的）」という行為を「買う（顧客目的)」という視点から考えるという販売活動のコペルニクス的転換をもたらした。しかし、それは単純に顧客ニーズに応えることを意味するものではない。マーケティングが担う販売活動は、利益獲得のための手段であり、その最終目的は利益獲得による企業の事業継続にある。

　したがって、マーケティングの言う顧客対応（買う視点から売ることを考える）とは、販売活動の目的を顧客満足（ニーズ充足）に置き、その結果として企業が利益を得ることを意味する。すなわち、マーケティングとは、顧客を満足させることで自らも満足するという WIN-WIN の関係構築を目指しているのである。ここに、マーケティングの DNA としての社会性（売り手と買い手の両方を満足させる仕組み）がある。

4）消費者の権利

このマーケティングの考え方を制度として定着させたのが、第35代アメリカ大統領のジョン・F・ケネディである。ケネディ大統領は、1962年の消費者保護特別教書の中で、消費者の4つの権利を提唱した。その後、1975年にフォード大統領がひとつ加え5つの権利とし、さらに、1980年に国際消費者機構（Consumers International）が3つの権利を加え、現在、8つの権利が消費者の権利となっている（表11-1）。なお、この8つの権利は、日本の消費者基本法にも明記されている。

本来、商取引は、売り手・買い手を問わず、自らリスクを負って行うものであり、騙される方が悪いという考えだった。しかし、資本集約的生産方式が定着し、どのような方法で生産しているのか分かり難くなり、企業と一般消費者との情報格差が大きくなっていた。こうした状況の中で消費者の権利を守ることは、彼らに安心感を与え、結果として購入を促すことになる。すなわち、消費者を保護する（顧客を満足させる）ことが、産業振興（企業の利益獲得）をもたらすのである。以上の理由から、消費者保護政策は、マーケティングのWIN-WINの考え方をマクロ的な政策に反映したものだと言える。

表11-1　消費者の権利

1. 安全である権利
2. 知る権利
3. 選ぶ権利
4. 意見を反映させる権利
5. 消費者教育を受ける権利
6. 被害救済を求める権利
7. 基本的な需要が満たされる権利
8. 健全な環境が確保される権利

※1〜4：ケネディ大統領が提唱した権利
　5　：フォード大統領が追加した権利
　6〜8：国際消費者機構が追加した権利
出所）「消費者基本法」等を参考に筆者作成。

Ⅱ　マーケティングと企業の社会的責任

1）新たな課題への直面

前述のように、マーケティングは、それを行う企業の利益だけではなく、顧客の利益も満たすことを目的としている点で、すでに社会性を有している。しかし、そのマーケティングが1960年代に大きな試練を迎えることになる。

その試練をもたらした象徴的な出来事が公害である。大気汚染や河川汚染な

どの公害が問題視されるようになった歴史は古く、14 世紀のイギリスまで遡ることができるが、産業革命後のアメリカでは、工場から上がる噴煙はむしろ富の象徴だと思われていた（小塩，2006）。

　しかし、1962 年に海洋学者のカーソン（Rachel L. Carson）が、殺虫剤や農薬などの化学物質が環境に与える悪影響を科学的な調査に基づき告発した『沈黙の春（Silent Spring)』が出版されると、一転人々の環境汚染に対する関心が高まる。そして、翌 1963 年に大気浄化法が成立、1970 年に国家環境政策法が成立するなど、アメリカの環境政策は大きな進展をみせる。

2）顧客の再考

　こうした環境問題への関心の高まりは、企業活動の一端を担うマーケティング研究にも影響を与える。その研究者のひとりが、レイザー（William Lazer）であり、彼は、企業が経済的利益を追求するだけでなく、環境問題などに対する社会的責任を果たす必要があると主張する（Lazer, 1969）。

　しかし、彼の主張は、マーケティングに対して大きな理論的問題を投げかける。環境問題などに対する社会的責任を果たすには、新たな設備投資や原材料の変更が必要となり、それが価格の上昇や品質の低下を招き、顧客満足を低下させる恐れがある。したがって、社会的責任を果たすことが、顧客を満足させて企業の利益を得るというマーケティングの目的に反することになる（図 11-2）。

　また、マーケティングの主体となる企業は、公的存在ではなく私的存在であり、その特徴は資源の有限性に基づく顧客の限定と顧客選択の恣意性にある。たとえば、ホテルを経営する企業は、すべての人を対象とする必要はなく、東京に宿泊を希望する富裕層を対象とする

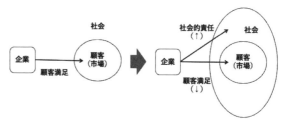

図 11-2　企業の社会的責任がもたらすマーケティングの理論課題

出所）筆者作成。

など、どの地域で誰を対象にするか自らの判断で自由に設定することができるというのがそれである。したがって、環境問題などの社会的課題に対応するか否かは、個々の企業の判断に委ねられるものであり、自らの能力に応じて行えばよいという考えも存在する。

3）企業の社会的責任論

　以上の理由から、企業が環境問題などの社会課題に取り組むべきか否か賛否両論あり、「企業の社会的責任（CSR: Corporate Social Responsibility）」に関して論争が起こる。嶋口（1984）は、この論争を大きく賛成派と批判派の2つに分けて整理している（表11-2）。

　賛成派の論拠をいくつか紹介すると、企業は社会的影響力を有するため相応の責任が存在するといったパワー論、社会的責任を負うことが結果として利益につながるといった相互利益論、法的、政治的、消費者団体などによる制裁を回避するために社会的責任を果たした方がよいといった企業防衛論などがある。

表 11-2　企業の社会的責任に関する論争

賛成論	
①パワー論	パワー（社会的影響力）を有する者は、相応の責任が存在するという考え。
②相互利益論	社会的責任を負うことで、利益が得られるという考え。
③啓発的自己利益論	自己利益のための行動でも、社会的見地から節度ある行動が求められるという考え。
④企業防衛論	社会的責任を果たさなければ、法的、政治的、消費者運動等の圧力により不利益を被るという考え。
⑤一般倫理論	企業も社会の一員として、一般的倫理観を持って行動すべきという考え。
⑥マーケティング領域論	社会問題の多くは、企業環境を扱うマーケティングのテーマであり対応すべきだという考え。
批判論	
①古典経済論	企業は利益最大化に基づき行動する存在であり、それに反することは行う必要がないという考え。
②曖昧論	誰に何をすることが社会的責任を果たすことか不明確であり、努力自体無駄という考え。
③皮肉論	社会的責任は、経営者の怠慢による業績の悪さを隠すためのものという考え。
④折衷制度論	社会的責任の遂行は、力のある企業に有意に働き、企業間格差を広げるという考え。
⑤居直り論	企業はすでに十分社会的責任を果たしているという考え。

出所）嶋口（1984）をもとに筆者作成。

一方、批判論には、企業は利益最大化の原則に基づき行動する合理的存在であり、それに反することは行う必要がないといった古典的経済論、誰に何をすることが社会的

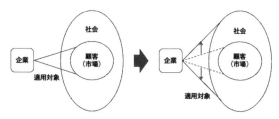

図11-3　マーケティングの顧客概念の拡張

出所）筆者作成。

責任を果たすことになるのか曖昧で、効果的にそれを果たすことができないという曖昧論、社会的責任を唱える人は、怠慢による経営悪化を隠すためといった皮肉論などが含まれる。

　このように、企業がどこまで社会的責任を果たすべきかに関して、推進派と批判派の両論が存在したものの、社会課題が深刻化するのに伴い、マーケティングにおいても推進派が主流を占めるようになる。これは従来のマーケティングにおける顧客概念の拡張を意味する（図11-3）。すなわち、利益をもたらす顧客のみならず、企業と何らかの関係を有する社会を顧客とみなし、社会との関係においてもWIN-WINの関係を構築する。ここに、従来のマーケティングにはないソーシャル・マーケティングの特徴がある。

4）ステークホルダー・アプローチ

　上述したように、企業と何らかの関係を有する社会を顧客とみなし、企業と社会のWIN-WINの関係構築を目指すソーシャル・マーケティングが提唱されたわけだが、ここで問題となるのが社会の曖昧さである。マーケティングを行うにあたって、企業が対応する顧客（標的市場）を明確にし、彼らのニーズを探ることが重要となるが、批判論にもあったように社会とは誰か曖昧であり、経済的関係にある顧客と異なり、具体的に誰に対応したらよいかわからない。

　そこで生まれたのが、「ステークホルダー（stakeholder）」という概念である。ステークホルダーは、利害関係を意味するstakeと、所有者を意味するholderの合成語であり、それ無くして企業が存続できない集団や利害関係者のことを言う（櫻井，2010）。

　また、ステークホルダーの具体例として、フリーマン（Edward R. Freeman）
らは、顧客、従業員、資金提供者（株主、投資家、金融機関）、サプライヤー、
地域社会を第一次ステークホルダー、そして、行政官庁、競争業者、メディ
ア、消費者保護団体、特別利益団体を第二次ステークホルダーとしてあげてい
る（Freeman et al., 2007）。

　誰がステークホルダーかに関しては、これ以外にも様々な意見があるものの、
対応すべき社会をステークホルダーとして明確にすることで、彼らのニーズを
探り、それに応える充足手段を考えるというマーケティング手法を適用するこ
とが可能となる。

5）グリーン・マーケティング

　そして、ソーシャル・マーケティングの対象は、人間社会のみならず自然環
境にまで拡張される。この自然環境を顧客とみなし、その課題解決を図るマー
ケティングを「グリーン・マーケティング（green marketing）」と呼んでいる
が、ソーシャル・マーケティングの誕生が公害問題など自然環境と関わってい
ることを考えると、自然環境への拡張はある意味当然の帰結だと言えよう。

　グリーン・マーケティングの先駆的な研究者であるフィスク（George Fisk）
は、生態学的視点から、消費者は責任のある消費、企業は生態系のバランスを
目指すマーケティングが必要だと主張する（Fisk, 1974）。そして、生態系の
バランスをとるためには、従来の4Ps（製品政策（Product）、価格政策（Price）、
流通政策（Place）、販促政策（Promotion））に加え、環境負荷が少ない原料
や活動への代替（Substitution）、環境負荷が少ない技術開発のための専門化
（Specialization）、複数の活動を組み合わせることで環境負荷を軽減する相乗
効果（Synergy）の3つのSが重要だと言う。

　1970年代に登場したグリーン・マーケティングは、生態学的（ecological）
から環境配慮型（environmental）へ、そして、持続可能な（sustainable）グリー
ン・マーケティングへと移行する（Peattle, 2001）。第1期がどちらかと言う
と法的規制への対応など受動的なグリーン・マーケティングなのに対し、第2
期は環境に良いことを積極的に行う能動的なグリーン・マーケティングだと言

える。そして、第3期の持続可能なグリーン・マーケティングは、環境問題が深刻化するのに伴い、多くの企業が長期的視点に立って環境問題に取り組む必要性が生じたことに起因する。

　このように、顧客概念を自らの製品やサービスの購入者から社会（ステークホルダー）へ拡張したソーシャル・マーケティングは、顧客概念を自然環境にまで広げ、受動的対応から能動的対応へ、そして、長期的視点に立った将来環境への対応と進歩を遂げている。

Ⅲ　非営利組織のマーケティング

　ところで、ソーシャル・マーケティングにはもうひとつの流れがある。企業（営利組織）のマーケティングを非営利組織に適用しようとするものであり、営利組織から非営利組織へのマーケティング主体の拡張がそれである。

1）重要な位置を占める非営利組織（NPO）

　非営利組織（NPO: Non-Profit Organization）は、営利を目的とせず継続的・自発的に社会貢献活動を行う団体の総称であり、非営利組織研究で有名なジョンズ・ホプキンス大学のサラモン（Lester M. Salamon）は、非営利組織を表11-3に示す5つの要素から特徴づけている（浅野ほか，2000）。

　非営利組織は上述したような特徴を有するものの、何を非営利組織とするかは各国の制度により異なる。たとえば、日本では、公益法人（財団法人、社団法人など）、学校法人、宗教法人、社会福祉法人、更生保護法人などの法人制度がすでに存在しており、これに該当しない非営利組織の法人制度として、1998年に特定非営利活動法人（NPO法人）制度が制定された。

　一方、アメリカは、上述した法人すべてを非営利組織（NPO）として包括的に制度化しており、㈶自治体国際化協会（2005）に

表11-3　非営利組織（NPO）の要件

① 正式の組織であること（formal organization）
② 非政府組織であること（nongovernmental）
③ 利益を配分しないこと（nonprofit-distributing）
④ 自己統治能力を有すること（self-governing）
⑤ 自発的であること（voluntary）

出所）浅野ほか（2000）をもとに筆者作成。

よると、1997 年時点で、非営利組織数は 120 万団体を上回り、その経済規模は GDP の 11% を占める。また、その活動は多岐に渡り、福祉部門が 49%、教育・研究部門が 17.9%、宗教団体が 11.5%、社会・法律サービスが 11.5%、財団が 5.1%、市民慈善団体が 2.7%、芸術・文化団体が 2.3% と、様々な分野で活動している。

2）非営利組織（NPO）の台頭と課題

　アメリカにおける非営利組織の活動は古く、その始まりは宗教団体の慈善活動だと言われている（㈶自治体国際化協会，2005）。当初、アメリカ政府は、このような慈善活動の支援に消極的だったが、次第に免税措置等の支援を行うようになり、19 世紀の終わりには多くの州で、非営利組織の支援策がとられるようになった。そして、第二次世界大戦後になって、福祉の充実を図るため、非営利組織の助成を増やすとともに様々な優遇措置を実施したことで、非営利組織が飛躍的な成長を遂げる。

　このような状況の中で、非営利組織に大きな影響を与えたのが 1980 年代のレーガン政権である。レーガン政権は、中央政府から地方の自立を促すため、中央政府が行っていたサービスを分割し、地方の非営利組織に任せるとともに、その財源確保のため寄付控除率を引き上げた。その一方で、これまで支出していた補助金を大幅に削減したため、政府の助成金に依存していた非営利組織は大きな痛手を受けることになる。

3）非営利組織（NPO）へのマーケティングの適用

　そこで注目されたのがマーケティングである。企業（営利組織）で培ったマーケティングの考え方や手法を非営利組織に適用しようという主張は、以前から存在しており、その発端となったのは、コトラー（Philip Kotler）とレビー（Sidney J. Levy）が 1969 年に発表した論文「マーケティング概念の拡張（Broadening the Concept of Marketing）」である。彼らは、マーケティングが非営利組織を含む組織一般に拡張可能だと言い、非営利組織におけるマーケティングの有用性を主張した。

図 11-4　非営利組織のマーケティング

出所）筆者作成。

　企業と非営利組織のマーケティングの最大の違いは、目的とする成果指標にある。企業の場合は、売上や利益の拡大など経済的成果の向上が目的となるが、非営利組織の場合、福祉部門の非営利組織は福祉を受ける人数やその質、教育・研究部門の非営利組織は教育を提供する人数や研究の質など、各々の非営利組織が担う社会的価値に応じて達成しようとする成果指標が異なる。

　また、非営利組織は営利を目的としていないが、これは収入が不要であることを意味するものではない。むしろ、企業より非営利組織の方が収入を必要とするかもしれない。なぜなら、非営利組織が目的を達成するには、その資源となる寄付などの収入が必要不可欠だからである。したがって、非営利組織には、自らの目的を達成する顧客とともに、収入を得るための顧客が存在し、両方の顧客ニーズを満たす必要がある（図 11-4）。

4）地域マーケティング

　今日、非営利組織とともに、マーケティングの適用対象として注目されているのが「地域」である。地域をマネジメントしているのは地方自治体であり、その方法は、地域住民から税を徴収し、それを資源に地域住民が求める公共サービスを提供するというものである。

　しかし、この方法が上手く機能しなくなる。1990 年代に入り、アメリカの 3 分の 1 の州や、全体の 4 分の 3 に相当する 5,000 の市町村が財政難に陥り、職員のレイオフや公共サービスの削減に迫られたのである（Kotler et al., 1993）。これは、地域住民から税を徴収し、それを地域住民の公共サービスに充てるという自給自足型の地域マネジメントが破綻し、それを補完する何らかの方法が必要となったことを意味する。

　コトラーらは、この問題を解決するのに長期的ビジョンに立った「地域マーケティング（place marketing）」が必要だと主張し、その中核となる活動として、

①地域の特徴やサービスの適切な組み合わせをデザインする。②地域の製品やサービスの現在および将来の買い手や利用者に対し、魅力的なインセンティブを用意する。③地域の製品やサービスを効率的かつ入手しやすい方法で提供する。④潜在顧客に地域の良さを知ってもらうため、地域の価値やイメージをプロモートするという 4 つの活動をあげている（Kotler et al., 1993）。

　これら 4 つの活動は、若干表現が異なるものの、企業が提供する 4Ps（製品政策、価格政策、流通政策、販促政策）に対応しており、地方自治体のみならず経済界や住民が一体となって、地域を製品とみなし、そのコンセプトを明確にした上で、マーケティング活動を展開し収入を得るという、まさに企業で培ったマーケティングの考え方や手法を地域マネジメントへ適用したものである。

Ⅳ　ソーシャル・マーケティングの新たな展開

　以上、本章では、ソーシャル・マーケティングの概要を、マーケティングの顧客概念の拡張とマーケティング主体の拡張の 2 つの視点から紹介してきた。ところで、このソーシャル・マーケティングが、新たな展開を見せている。

1 ）日本の CSR 経営元年
　そのひとつが、企業の社会的責任（CSR）に対する関心の高まりである。2003 年は、日本の CSR 経営元年と呼ばれており、多くの企業が経営トップ直属の CSR 部署を設置し、CSR に力を入れだしたのである（川村，2003）。

　もちろん、本章で説明した通り、企業の社会的責任の重要性は古くから認識されていた。しかし、今日の CSR に対する注目は、これまでの法令遵守や人権擁護、消費者保護といった倫理的側面を強調したものと少し様相が異なる。

　その発端となったのは、2000 年代に入り日本で急速に広まった「SRI（Socially Responsible Investment：社会的責任投資）」であり、CSR を投資や融資といった側面から推進しようとする動きである。これを受けて多くの投資家や金融機関が企業の CSR 活動に目を向けるようになり、CSR が中長期的に企業価値を高める要素として注目されるようになったのである。

2）CSV 概念の台頭

　企業価値向上手段としての CSR への注目は日本に限らず世界的なもので、このような動きを受け、ポーター（Michael E. Porter）らは、「CSV（Creating Shared Value：共通価値）」という概念を提唱する（Porter and Kramer, 2011）。

　CSV は、企業（営利組織）や目指す経済的価値と、非営利組織が目指す社会的価値の両方を同時に達成することを意味する。従来、経済的価値と社会的価値は、一方を追求するともう一方が損なわれるというトレードオフの関係にあると考えられていた。そこで、経済的価値の追求は企業が、社会的価値の追求は非営利組織が担当し、社会的に分業することで効果効率を追求していた。

　しかし、上述したように、企業は CSR という社会的価値への関与が企業価値を高める要因になっており、非営利組織も、社会的価値実現のための原資としての収入（経済的価値）の確保が重要となっている。CSV の台頭は、まさにそれを物語るものであり、営利・非営利を問わず単一組織による経済的価値と社会的価値の両立が必要になったことを意味する。

3）CSV 経営の実践

　CSV 経営の実践方法のひとつとして、その概念が登場する前から存在するのが、コーズ・リレイテッド・マーケティング（cause-related marketing）である。コーズ・リレイテッド・マーケティングのコーズ（cause）は、信念や大義を意味し、企業が提供する製品やサービスの購入を大義（社会的価値）と結びつけることで、その販売を促進しようとするマーケティング手法である。

　このコーズ・リレイテッド・マーケティングを一躍有名にしたのが、アメリカン・エクスプレス社が 1983 年に行った「自由の女神修復キャンペーン」である（世良，1998）。その内容は、顧客がアメックスのクレジットカードを 1 回使用する毎に 1 セント、同カードを新規に 1 枚発行する毎に 1 ドルを、アメリカン・エクスプレス社が自由の女神の修復のために寄付するものだった。

　また、世界の貧困層が、製品単価が高くて購入できない製品を小分けして販売したり、衛生問題など彼らが抱える問題を安価で解決する製品を提供して生

活の質の向上を図る「BOP（Base of the Pyramid）ビジネス」や、新興国や発展途上国などインフラが整備されていない地域向けに最先端技術を駆使して開発した製品やサービスを先進国に逆輸入する「リバース・イノベーション」などが、CSV経営の実践方法としてあげられる。

　このように、ソーシャル・マーケティングは、今日、新たな展開を迎え、その重要性がますます高まっている。

引用文献

Chandler, A. D., Jr.(1977), *The Visible Hand: The Managerial Revolution in American Business*, Cambridge, Mass.: Belknap Press.（鳥羽欽一郎・小林袈裟治訳『経営者の時代―アメリカ産業における近代企業の成立―』東洋経済新報社, 1979年）

Drucker, F. Peter(1969), *The Age of Discontinuity : Guidelines to our Changing Society*, New York : Harper & Row.（林雄二郎訳『断絶の時代―来たるべき知識社会の構想』ダイヤモンド社, 1969年）

Freeman, R. Edward, Jeffrey Hamison and Andrew C. Wicks, (2007) *Managing for Stakeholders : Survival, Reputation, and Success*, New Haven: Yale University Press.（中村瑞穂訳『利害関係者志向の経営―存続・世評・成功』白桃書房, 2010年）

Fisk, George(1974), *Marketing and the Ecological Crisis*, New York: Harper & Row.（西村林他訳『マーケティング環境論』中央経済社, 1984年）

Govindarajan, Vijay, Chris Trimble, and Indra Nooyi(2012), *Reverse Innovation: Create Far from Home, Win Everywhere*, Boston : Harvard Business Review Press.（渡部典子訳『リバース・イノベーション：新興国の名もない企業が世界市場を支配するとき』ダイヤモンド社, 2012年）

Kotler, Phillip, and Sidney J. Levy(1969), "Broadening the Concept of Marketing," *Journal of Marketing*, 33(1), 10-15.

Kotler, Phillip, Donald H. Haider, and Irving Rein(1993), *Marketing Places*, New York: The Free Press.（井関利明監訳『地域のマーケティング』東洋経済新報社, 1996年）

Lazer, W. (1969) , "Marketing's Changing Social Relationships." *Journal of Marketing*, 33, 3-9.

Peattle, Ken(2001), "Towards Sustainability: The Third Age of Green Marketing," *The Marketing Review*, 2,129-146.

Porter, E. Michael, and Mark R. Kramer(2011)," Creating Shared Value," *Harvard Business Review*, January-February, 62-77.（編集部訳「共通価値の戦略」『DIAMOND ハーバード・ビジネス・レビュー』2011 年 6 月号, 8-31 頁）

Prahalad, C. K. (2005),*The Fortune at the Bottom of the Pyramid*, Upper Saddle River, NJ : Wharton School Publishing.（スカイライト・コンサルティング訳『ネクスト・マーケット』英治出版 , 2005 年）

浅野令子・岩田誠・加福共之・出口正之・服部優子・平山健次郎・古館晋・三島祥宏（2000）「日本の NPO の機能と欠点」『三田学会雑誌』92 巻 4 号, 19-42 頁。

川村雅彦（2003）「2003 年は「日本のＣＳＲ経営元年」－ CSR（企業の社会的責任）は認識から実践へ－」『日経基礎研 REPORT』2003.7, 1-8（https: //www.nli-research.co.jp/report/detail/id=36156?site=nli　2023.3.15 閲覧）

小塩和人（2006）「アメリカ環境史の回顧と展望」『西洋史学』224 巻, 53-69 頁。

㈶自治体国際化協会（2004）「米国の街づくりにおける非営利団体の役割」『CLAIRREPORT』259 号, 1-39 頁(https://www.clair.or.jp/j/forum/ c_report/pdf/259.pdf　2023.3.10 閲覧)

櫻井通晴（2010）「ステークホルダー理論からみたステークホルダーの特定 : コーポレート・レピュテーションにおけるステークホルダー」『専修経営学論集』90 号, 183-206 頁。

嶋口充輝（1984）『戦略的マーケティングの論理』成文堂新光社。

世良耕一（1998）「コーズ・リレイテッド・マーケティングの概念と日本における必要性－フィランソロピーと併存する「社会貢献を行う際の選択肢」として－」『函大商学論究』31 輯 1 号, 79-99 頁。

詳しく知るための文献

フィリップ・コトラー , アラン・R・アンドリーセン（2005）『非営利組織のマーケティング戦略（第 6 版)』第一法規。

フィリップ・コトラー , ヘルマワン・カルタジャヤ , イワン・セティアワン（2010）『コトラーのマーケティング 3.0』朝日新聞出版。

和田允夫・菅野佐織・徳山美津恵・長尾雅信・若林宏保著, 電通 abic project 編（2009）『地域ブランド・マネジメント』有斐閣。

第12章
公会計と公共経営

廣 瀬 喜 貴

Ⅰ　公会計とは何か

　本章では、国や地方公共団体における公（おおやけ）の会計である公会計についての基礎的な内容を説明する。そのうえで、筆者による研究の一端を紹介し、公会計をデータ分析することで何がわかるのか、公共経営に関する実験をすることで何が明らかになるのか、についての例を説明する[1]。

　公会計を学ぶうえで、まずは会計とは何であるかを定義する必要がある。日常生活において、会計という用語は、「お会計をお願いします」というように、お店で代金を勘定して支払うときなどに使われることが多い。しかし、学術上・実務上の会計は、単なる支払いのことではなく、お金の流れを記録・計算・管理することを指す。会計の厳密な定義については専門書を参照してほしいが、本章では会計をこのように捉えたうえで議論を進める。

　大学における講義では、会計や簿記を学ぶとき、会計や簿記を行なう主体は企業であることが一般的である。書店や図書館における会計や簿記の書棚には、企業の会計に関する書籍が数多く並んでいるであろう。たしかに、資本主義を前提とする経済社会において、利益の獲得を追求する企業にまつわるお金の記録・計算・管理は非常に重要となるテーマである。しかし、企業だけではなく、お金は社会の至るところで流れているものである。国や地方公共団体といった公共部門もお金の収入や支出があることは容易に想像できるであろう。たとえば、国は、所得税・消費税・法人税などの税金を集めて管理し、我々の暮らしに必要なお金を支払うという財政活動を行なっている。年金・医療・福祉と

いった社会保障関係費、道路・下水道・公園整備のための公共事業関係費、教育や科学技術の発展のための文教及び科学振興費などは、その代表例である。国だけではなく、都道府県や市区町村といった地方公共団体、独立行政法人、国立大学法人、公立大学法人、公営企業なども公会計が対象とする組織である。さらに、公共サービスの多様化や広がりに伴い、社会福祉法人、公益社団法人、公益財団法人、学校法人なども公会計の範囲に含まれることがある。なお、国や地方公共団体などの公共部門を対象とする狭義の公会計を政府会計といい、社会福祉法人、公益法人、学校法人などの公共サービスを提供する会計を非営利組織会計という。世界の会計学研究を牽引している北米と欧州の学会においては、広義の公会計（政府会計および非営利組織会計）は、アメリカ会計学会（American Accounting Association）では Governmental & Nonprofit Accounting、欧州会計学会（European Accounting Association）では Public Sector Accounting & Not-For-Profit Accounting、と呼ばれている。

　Broadbent and Guthrie（2008）において示されているように、公会計の範囲は広がりをみせているが、公会計はなぜ必要になるのか、そして誰のために必要であるのだろうか。まず、なぜ必要になるのかということを検討するために、公会計の機能に注目する。公会計の機能は、大きく分けて受託責任の解除という機能と、情報提供という機能の 2 つが挙げられる。まず、受託責任の解除という機能は、国を例にとると、受託者である行政が、委託者である国民に対して説明責任を果たすことによって受託責任が解除されるという機能である。もう一方の情報提供という機能は、公共部門が市民や債権者などの様々な利害関係者の意思決定に有用な情報を提供するという機能のことである。この情報提供という機能については、公会計が誰のために必要であるのかを考える際に重要となる。黒木（2019）では公会計の情報を利用する意思決定者は、公会計情報を開示する主体によって異なることが示されている。国や地方公共団体が開示する公会計情報を利用するのは国民、住民、有権者、債権者、政治家、職員、学生などが想定される。たとえば、住民は、行政による住民サービスへのお金の使い方を把握することで、どこの地方公共団体に住むのかという引越しなどの意思決定に活用することができる。有権者は、行政が何にどれだ

けお金を使っているのかを知り、投票行動に活用することができる。債権者は、元利金の償還能力の評価に活用することができる。政治家は、議会での活動に活用することができる。行政職員は行政の内部管理や運営に活用することができる。学生は就職先の意思決定に活用することができる。このように、公会計情報は利害関係者の意思決定に利用されている。詳細は黒木（2019）を参照されたい。

Ⅱ　地方公会計における情報利用者の実態

　前節で説明したように、地方公共団体が開示する会計情報を利用している利害関係者には様々な者が想定される。しかし、実際に日本の地方公共団体の財務担当者は、どのような情報利用者を想定しているのだろうか。そして、どのような特徴を持っている地方公共団体が、どの情報利用者が公会計情報を活用すると想定しているのだろうか。このような問いを明らかにするために、黒木・廣瀬（2020）は、全国の地方公共団体に質問紙を郵送し、その回答を統計的に検証した。

　日本では、2010年代の半ば頃まで、基準モデル、総務省方式改訂モデル、東京都方式、大阪府方式などの複数の公会計モデルが併存していた。そして、各地方公共団体は、複数の公会計モデルの中から任意のモデルを選択し、そのルールにもとづいて計算・作成した公会計情報を開示してきた。そのため、公会計情報は、各自治体によって別々のルールにもとづいて作成された比較可能性が低い情報になっていた。このような問題を解消するために、地方公共団体は、2016〜2018年度から、発生主義会計の考え方による「統一的な基準」にもとづいた公会計情報の作成・開示が総務省から要求されることになった。詳細は山浦（2021）を参照されたい。図12-1は総務省による地方公会計の整備についての情報がまとめられているWebサイトである。

　各地方公共団体によって作成された公会計情報は、誰がどのように活用することが可能であるのかについて検討がなされてきた（総務省、2016）。その一方、すでに発生主義会計が導入されている米国では、GASB（Governmental

図 12-1　総務省による「地方公会計の整備」に関する Web サイト

出所）https://www.soumu.go.jp/iken/kokaikei/index.html, 2023 年 4 月 9 日アクセス

Accounting Standard Board）が、情報利用者が財務報告書に対してどのような二ーズがあるのか、という点について、地方政府の財務担当者などを対象に実施した調査がある（Jones, Scott, Kimbro, and Ingram, 1985）[2]。

　そこで、黒木・廣瀬（2020）では、下記の 3 つの仮説を構築し、検証した。まず、仮説 1 として、負債比率が大きな地方公共団体の財務担当者ほど債権者をはじめとする情報利用者が公会計情報を活用することを想定しているという負債仮説を検証した。次に、仮説 2 として、地方公共団体に対する市民からの公共財の需要が大きい地方公共団体の財務担当者ほど、情報利用者が公会計情報を活用することを想定しているという公共財需要仮説を検証した。最後に、仮説 3 として、首長が発生主義による財務諸表を活用した経験を有する場合、財務担当者は情報利用者が公会計情報を活用することを想定しているという上層部仮説を検証した。まとめると、負債比率が大きい場合（負債仮説）、

市民から公共財に対する需要が大きな場合（公共財需要仮説）、首長が財務諸表を活用した経験を有する場合（上層部仮説）、地方公共団体の財務担当者は、外部の利害関係者が公会計情報を利用することを想定して情報開示を積極的に検討すると予想した。これらの仮説を検証するために、日本全国の地方公共団体の財務担当者を対象に郵送による質問紙調査を実施した結果、地方公共団体の財務担当者が想定する公会計情報の主な情報利用者は政府関係者（総務省・中央政府、首長、議員）であることがわかった。また、因子分析の結果、情報利用者は政府関係者とそれ以外の情報利用者に大別できることを発見した。さらに、納税者、寄附者、受益者といった情報利用者が公会計情報を利用すると財務担当者が想定している地方公共団体は、首長が企業役員の経験を有することがわかった。これは上層部仮説を部分的に支持するものであった。このような研究は、地方公会計に統一的な基準が導入されたことによって実施できるようになったものである。

Ⅲ　地方公会計における公会計指標と幸福度との関連

　ここでは、地方公共団体が開示している財務書類から公会計情報を入手し、会計指標を計算したうえで、どのような財務状況の地方公共団体の住民が、どのような幸福度にあるのか、ということを検証した廣瀬・後藤（2020）を紹介する。

　廣瀬・後藤（2020）では、アンケート調査によって入手した住民個人の幸福度と、公会計指標が関連しているか否かを統計的に実証分析したものである。日本における公会計情報は、あくまでも財政情報を補完するものであるという位置づけであり、これは公会計情報を積極的に活用している欧州諸国とは異なる（Manes-Rossi and Orelli, 2020）。廣瀬・後藤（2020）も、前節の質問紙調査の研究と同様に、地方公会計の財務書類を作成するルールが統一的な基準に統一されたことによって各地方公共団体が比較可能となり実施できるようになった研究である。廣瀬・後藤（2020）では、財務状況が優れている地方公共団体の住民は幸福度が高いという前提にもとづき、総務省が公表している各

指標の計算式による公会計指標と幸福度のアンケート調査結果を結合し、その関連性を統計的に分析した。

　廣瀬・後藤（2020）の主要な結果は、次の3点である。第1に、多くの資産形成がなされている都道府県の住民ほど幸福度が高い。第2に、現世代の負担が将来世代の負担よりも相対的に高い都道府県の住民ほど幸福度が低い。第3に、持続可能性が低い都道府県の住民ほど幸福度が低い。これらの結果は、収支計算にもとづいた財政情報をもとに計算した財政指標を用いることでは得られなかった結果であり、発生主義会計にもとづいた公会計情報の有用性を示した点が当該研究の貢献である。なお、財政指標をはじめとする政府統計は、e-Stat から無料で入手することができる。図 12-2 は、e-Stat の Web サイトである。

図 12-2　e-Stat 政府統計の総合窓口の Web サイト
出所）https://www.e-stat.go.jp、2023 年 4 月 9 日アクセス。

Ⅳ　世界主要都市が開示する公会計情報の言語的特徴

　ここでは、国際的な研究として、大都市が開示している公会計に関する報告

書の文字情報に注目し、テキスト分析を行ないその言語的特徴を明らかにした廣瀬（2021）を紹介する。廣瀬（2021）では、世界の主要36都市の公会計情報を開示している報告書を入手し、形態素解析、TF-IDF、N-gram、Fogインデックスなどのリーダビリティ（読みやすさ）の測定というテキスト分析を行なった。形態素解析によって名詞を抜き出したうえで、出現頻度が多い文字を大きく表したものが図12-3である。

　廣瀬（2021）の主要な結果は次の3点である。第1に、TF-IDFによって公会計に関する報告書に含まれる重要語を数値化して抽出した結果、資産

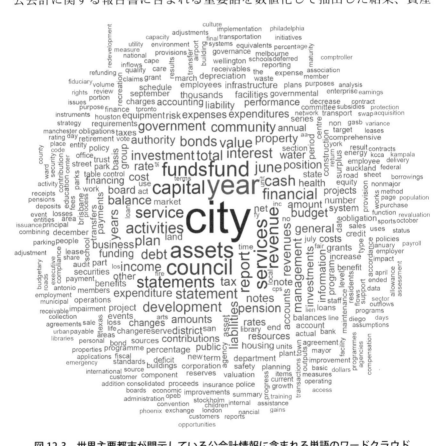

図12-3　世界主要都市が開示している公会計情報に含まれる単語のワードクラウド
出所）筆者作成。

（asset）、収益（revenue）、現金（cash）などの伝統的な会計の専門用語は、大都市の公会計においても代表的な用語であるということがわかった。また、現金や予算に関連する用語も重要な用語であり、発生主義会計を採用しつつも現金と予算を重視する公会計の性格を忠実に表現しているということが明らかになった。第 2 に、資産の評価基準に着目して N-gram の出現頻度を測定したところ、都市によって強調する説明項目が異なるということがわかった。第 3 に、公会計に関する報告書の読みやすさのレベルは、平均して大学 3 年生程度の難易度であることがわかった。この結果は、企業会計における先行研究である Li（2008）の結果よりも低い数値であった。

　公会計は企業会計の情報と比較して、世界的にオンラインによるアーカイブ化が遅れているが、部分的に整備され始めている。そのため、企業会計における先行研究のような数値情報と文字情報を組み合わせたような実証分析を実施することが可能になりつつある。さらに、企業会計において実施されている廣瀬（2022）のような数値情報と文字情報を組み合わせた実験研究も実施できる環境が整いつつある。そこで、今後は公会計の分野でも行動科学の知見や手

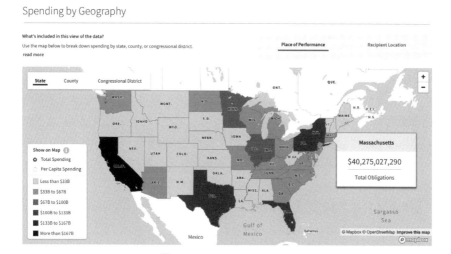

図 12-4　USA SPENDING.gov
出所）https://www.usaspending.gov, 2023 年 4 月 9 日アクセス。

法にもとづいた実験研究が進展することが期待される。

　なお、廣瀬（2018）によると、公会計情報の読みやすさやわかりやすさは、世界的に重要なトピックであり、視覚的にわかりやすい事例として、アメリカ合衆国の USA SPENDING.gov が挙げられている。このような実務には Digital Accountability and Transparency Act of 2014（DATA Act：データ法）が影響している。議論の詳細は Errichetti and Roohani（2018）を参照してほしいが、Errichetti and Roohani（2018）は政府と企業を比較して論じており、その根底には、序章において述べられている民間の発想や経営手法を官に導入するという NPM（New Public Management）の考え方があるといえる。図 12-4 は、USA SPENDING.gov の Web サイトである。日本の公会計においても、情報の読みやすさやわかりやすさは重要な論点であるといえるだろう。

V　行動科学の知見と手法を応用した公共経営に関する実験

　上述のように、国や地方公共団体は、住民に対して一年間の財務状況という公会計情報を提供している。このように、公会計情報の開示は行政と住民との間のコミュニケーションの手段になっているが、地方公共団体から住民への情報提供は、公会計情報のみではない。開示という観点から、広く公共経営に関する行政による平時の情報提供を考えてみると、各市区町村は、広報誌、Web サイト、SNS などによる情報の提供を積極的に行なっている。このような行政広報による情報提供は、地方公共団体が住民からの意見や要望を聴き、施策の内容や実施を伝えるという役割を持っている。しかし、地方公共団体による情報提供は平時のものばかりではない。地方公共団体によっては、首長が中長期的な構想として従来の仕組みや制度を変更することを目指している場合もある。

　道州制や首都機能移転の論争がその代表例であり、政府機関の一部を東京以外の場所に移転するということが行なわれている。2014 年には、中央政府が地方創生の観点からの東京一極集中を是正する方針を掲げた。そして、京都府は、文化庁の京都への誘致を提案し、2023 年 3 月に文化庁が京都市に移転した。

　京都府が公表している資料[3]）によると、国宝の約 5 割、重要文化財の約 4 割は関西に集中しており、国立文化財機構所管の施設は 7 施設中 4 施設（約 6 割）が関西にあり、文化関係の国立施設は東京に次ぐ集積である。さらに、世界文化遺産の 4 割は関西に集中しているとのことである。

　文化庁の京都移転は、明治政府が首都を東京に定めるという東京奠都を行なって以来、中央省庁が東京から移転する初めての事例である[4]）。そもそも、2023 年時点において、日本の首都を定める法律は無く、日本国民だれもが疑いなく信じていることから東京が首都であると考えられているのである[5]）。

　このように、首都機能の一部移転やバックアップ機能についての議論は、文化庁の京都移転のみならず、大阪府・大阪市が一体となって取り組んでいる事例がある。大阪府・大阪市は、2017 年 3 月に副首都ビジョンを策定し、副首都・大阪に向けた中長期的な取組みの方向性を取りまとめた[6]）。

　深見・大塚・廣瀬（2022）では、首長や行政職員が市民に対し、このような新たな地方自治の仕組みを伝える際に、理解しやすい説明はどのようなものであるのかという問いについて、副首都をテーマとしてオンライン・サーベイ実験を行ない検証した。オンライン・サーベイ実験とは、インターネットを通じたオンライン上において質問紙実験を実施する手法のことを指す。具体的には、複数の条件に実験参加者を割り当て、ケースを読んで意思決定してもらうという方法がとられることが一般的である。ゲーム理論にもとづく実験の場合は、インターネット上で複数人が一組となり、相互作用のあるゲームを実施することが一般的である。当該研究では、前者の方法が採用されている。

　ここで、当該研究の目的は、市民にどのような情報を与えると、副首都ビジョンの理解度と興味度が上がるのか（ないし下がるのか）を検証することである。実験デザインは、2 × 4 の被験者間実験を採用した。実験の操作であるフレーミングは、統制群と 3 つの処置群の計 4 条件から構成され、大阪府・大阪市副首都推進局「副首都ビジョン〜副首都・大阪に向けた中長期的な取組み方向〜」より一部抜粋した説明文を記載した。実験デザインを示したものが表 12-1 である。

　統制群は、最も簡潔な説明文を実験参加者に提示するという群である。他の

表 12-1 実験デザイン

		フレーミング（実験参加者に提示する説明文の内容）			
		なし	一極集中	海外比較	地方分権
副首都ビジョンを聞いたことがあるか否か	聞いたことがある	統制群／ある	一極集中群／ある	海外比較群／ある	地方分権群／ある
	聞いたことがない	統制群／ない	一極集中群／ない	海外比較群／ない	地方分権群／ない

出典）筆者作成。

3つの処置群には、フレーミングとして統制群の説明文に 120 文字程度の追加説明を記述した。追加説明および処置群の内容は、東京への一極集中を避けることの意義を説明した一極集中群、海外との比較において副首都の意義を強調して説明した海外比較群、地方分権の観点から副首都の意義を強調した地方分権群である。

　オンライン・サーベイは、2022 年1月に、Yahoo! クラウドソーシングを用いて実施し、各条件につき 250 名ずつを割り当てた。実験の流れは、まず、Yahoo! クラウドソーシングのウェブサイトに本タスクを掲載し、調査に協力してもらえる実験参加者を募った。次に、実験者（研究者）が作成した Web サイトに実験参加者にアクセスしてもらい、副首都ビジョンの説明をする前に、あらかじめ副首都ビジョンの理解度と興味度を7点の尺度で回答してもらった。その後、副首都ビジョンの説明を提示し、そのうえで副首都ビジョンに対する理解度と興味度、そして大阪に対する親近感を7点の尺度で回答してもらった。このような手続を経て入手したデータを統計的に分析した。

　一元配置分散分析の結果、東京への一極集中を避けることの意義を強調した説明が、市民の副首都に対する理解度と興味度を最も高めることが示唆された。そして、二元配置分散分析の結果、副首都ビジョンを聞いたことがない人にとっては、海外との比較を説明されたり、地方分権を説明されたりすると、そのような追加情報が、副首都ビジョン全体の説明を複雑にしてしまい、かえって理解しづらいものになっている可能性があることが示唆された。実験参加者による自由記述について形態素解析を行なったところ、一極集中群では統制群と比較してリスク、地震、バックアップなどの単語が多く含まれていた。海外比較群では都市、日本という単語が多く含まれていた。地方分権群では発展、行政、

分権などの単語が多く含まれていた。

Ⅵ　公共経営実務や会計実務との連携の推進

　以上、簡潔に公会計と公共経営の研究内容を記述したが、廣瀬研究室では研究活動を進めるにあたり、公共経営の実務家や会計実務家との連携を重視している。

　たとえば、公共経営実務との連携として、大阪府と大阪市が共同で設置している組織である副首都推進局の事業である「『副首都・大阪』連携プロジェクト」リサーチ・プレゼンテーション（研究・発表）に参加している。廣瀬研究室は、主にアンケート調査やオンライン実験による統計的な研究手法を用いてエビデンスを提供するという方式をとっているが、その研究調査の過程で、大阪府下の市町村に出向いて、行政の実務に携わっている職員と意見交換を行なっている。行政の仕事現場を実際に見聞きすることによって、現在の大阪の問題点や潜在能力を把握し、研究テーマや仮説の設定、分析結果の解釈に役立てている。廣瀬研究室の学生による成果発表会での研究成果は公開されているので、詳しくは Web サイトを参照されたい [7]。また、講義においても副首都推進局からゲストスピーカーを招いて公共経営の実際の現場の説明を受けている。

　また、会計実務との連携として、公認会計士協会近畿会との連携がある。公認会計士協会近畿会からもゲストスピーカーを招いて現実世界における会計実務の説明を受けている。また、公会計を専門とする公認会計士をはじめ、公認会計士協会近畿会の多くの公認会計士と率直な意見交換を行なっている [8]。大阪や関西地方の現状を相対化する必要がある場合は、東京の公認会計士や税理士といった会計専門職と意見交換をすることもある。さらに、監査法人に勤務している公認会計士だけではなく、ベンチャー企業を支援している公認会計士とも定期的に意見交換をしており、最新のビジネスやテクノロジーの動向を絶えずチェックしている。2020 年以降は、社会的にオンライン会議が普及したことにより、日本各地の会計専門職と研究についての意見交換を行なうという機会が増えている。

　このように、廣瀬研究室は、現実世界との接点を多く持つことで、社会における問題を発見し、データを取得し、分析したうえで、研究成果を公開することによって社会に還元する、というサイクルを特に重視している。

　大学における研究成果を社会に公開するという点について、廣瀬研究室では、ゼミナールでの研究活動の結果を論文にまとめ、学会に投稿することを奨励している[9]。研究成果の公表は、研究テーマの内容に沿って行動経済学会や人工知能学会において報告を行なっている。どのようなテーマで研究を行ない、どのような結果が得られているのかについては紙幅の都合上、紹介することができないため、詳細は廣瀬研究室のWebサイトを閲覧されたい[10]。今後も、実務との連携を重視しつつ、研究成果を公開し、社会に還元することを目指す。

注

1）筆者のプロフィールと研究内容については、本章と併せて、下記のインタビューを参照されたい。中央経済社note編集部「【インタビュー】テクノロジーと会計情報を使って、企業や人の行動を科学する｜話者：廣瀬喜貴先生（大阪公立大学商学部 准教授）｜会計研究のフォアフロント」（https://note.com/chuokeizai/n/n88d45180e362, 2023年4月9日アクセス）。

2）GASB Website（https://www.gasb.org, 2023年4月9日アクセス）も併せて参照されたい。

3）京都府「関西・京都の特徴」（https://www.pref.kyoto.jp/bunkachoiten/documents/270729-sanko2-tokucho.pdf, 2023年4月9日アクセス）。

4）奠都は、都を定めることであり、都を他の地にうつすことである遷都とは異なる。詳しくは広辞苑および横山（1988）を参照されたい。

5）参議院法制局「首都を定める法律」（https://houseikyoku.sangiin.go.jp/column/column081.htm, 2023年4月9日アクセス）。

6）大阪府「副首都ビジョンの推進」（https://www.pref.osaka.lg.jp/fukushutosuishin/fukusyutobijon/, 2023年4月9日アクセス）。

7）大阪府Webサイト、「大学連携プロジェクト（理解促進に向けた取組み）」（https://www.pref.osaka.lg.jp/fukushutosuishin/fukusyutobijon/daigakurenkei.html, 2023年

4月9日アクセス）。

8)「日本公認会計士協会近畿会　会報　近畿C.P.A.ニュース第746号，18-19頁」にて、本学において実施されたゲストスピーカーによる公会計実務の解説が紹介されている。

9)「日本公認会計士協会近畿会　会報　近畿C.P.A.ニュース第746号，16-17頁」にて、人工知能学会における廣瀬研究室の研究報告が2報紹介されている。

10) HIROSE Yoshitaka Lab / 廣瀬喜貴研究室（https://www.omu.ac.jp/bus/hirose/, 2023年4月9日アクセス）。

引用文献

Broadbent, J., and Guthrie, J. (2008) "Public sector to public services: 20 years of "contextual" accounting research," *Accounting, Auditing & Accountability Journal*, 21(2), pp.129-169.

Errichetti, J., and Roohani, S. J. (2018) "The merit of the DATA Act to enhance the governmental reporting process: A corporate governance perspective," *Journal of Emerging Technologies in Accounting*, 15(1), pp.107-120.

Jones, D. B., Scott, R. B., Kimbro, L., and Ingram, R. (1985) *The Needs of Users of Governmental Financial Reports*, Government Accounting Standards Board. Stamford, CT.

Li, F. (2008) "Annual report readability, current earnings, and earnings persistence," *Journal of Accounting and Economics*, 45(2-3), pp.221-247.

Manes-Rossi, F. and Orelli, R. L. ed., (2020) *New Trends in Public Sector Reporting: Integrated Reporting and Beyond*, Palgrave Macmillan, UK.

黒木淳・廣瀬喜貴（2020）「地方公会計における情報利用者の実態と決定要因」『会計検査研究』61巻，35-50頁。

総務省（2016）「地方公会計の活用のあり方に関する研究会報告書」。

廣瀬喜貴（2018）「電子政府時代の会計ディスクロージャー」『会計人コース』第42巻第12号（10月号），62-64頁。

廣瀬喜貴（2021）「世界主要都市が開示する公会計情報の言語的特徴」『人工知能学会全国大会論文集 第35回(2021)』一般社団法人 人工知能学会，4H3GS11d03-

4H3GS11d03 頁。

廣瀬喜貴（2022）「有価証券報告書における定性情報が投資家の意思決定に与える影響―オンラインサーベイ実験による検証―」『証券アナリストジャーナル』2022 年 10 月号（第 60 巻第 10 号），18-26 頁。

廣瀬喜貴・後藤晶（2020）「地方公会計における会計指標と幸福度との関連：財政と会計との比較をつうじて」『行動経済学』第 13 巻 Special_issue 号，S19-21 頁。

深見州介・大塚彩絵・廣瀬喜貴（2022）「オンライン・サーベイ実験による副首都構想の理解度に関する分析」『人工知能学会全国大会論文集 第 36 回 (2022)』一般社団法人人工知能学会，3Yin224-3Yin224 頁。

山浦久司編著（2021）『地方公共団体の公会計制度改革』税務経理協会。

横山昭市（1988）「首都の立地と機能：遷都論を踏まえて：第 37 回 (1988 年 6 月 25 日) 例会発表要旨」『地理科学』第 43 巻第 4 号，242 頁。

詳しく知るための文献

黒木淳編著（2019）『公会計テキスト』中央経済社。

田口聡志（2020）『教養の会計学：ゲーム理論と実験でデザインする』ミネルヴァ書房。

筒井義郎・佐々木俊一郎・山根承子・グレッグ・マルデワ（2017）『行動経済学入門』東洋経済新報社。

第13章
企業の社会性と CSR
－経済的価値と社会的価値のバランス－

向 山 敦 夫

Ⅰ　はじめに

　企業の目的は何か、企業の存在をどうとらえればよいのか。この章では、いわゆる企業観について改めて考えることになる。

　会社法上、会社は株主のものであり、法的な解釈にしたがう限り、企業（株式会社を代表とする）は営利を目的とした存在である。所有と経営が分離した経営者（取締役）は株主利益の最大化を目指す義務があり、忠実義務と善管注意義務を負っている。

　株式会社の歴史を紐解くまでもなく、この事実を前提にして株式会社制度は成り立っているし、会計制度もまた成り立っている。企業には伝統的に収益性と安全性の評価基準が当てはめられ、企業利益を中心にした企業の経済的パフォーマンスが測定されてきた。その背景にはグローバルな証券市場の存在があり、会計情報の有用性を指向する企業価値をめぐる会計研究が盛んにおこなわれてきた。これらを総称して企業の経済的価値と呼ぶとすれば、資本主義は基本的に経済的価値のみで企業パフォーマンスを表現するシステムであったと言える。

　しかしながら、経営環境が時代とともに変化し、社会的諸条件ならびに地球環境が変化したのにともない、もはや企業は他の条件を犠牲にして無防備に経済的価値の追求を許されず、営利を目的とする企業にも社会的な諸問題や地球環境問題への対応が要請されている。ただし、その要請の方法はさまざまであり、ある局面では法規制による強制的に、他の局面ではあくまで企業の自発性

にもとづきながら準強制的に、さらなる局面では企業にとっての競争優位を確保する誘因となることもありうる。企業活動の社会的・環境的パフォーマンス、そこから生まれる価値を社会的価値と表現するならば、現代社会において、社会的価値を創造する企業の社会性という新たな評価基準が求められている。見誤ってはならないのは、社会的価値が要請されるからといって、企業は経済的価値の追求を疎かにしてもよいというわけではない。企業には経済的価値と社会的価値のバランスが問われている。そのバランスをどう取るかはそれぞれの企業に委ねられているが、社会的価値をどのように測定し、評価するかについての基準はいまだ確立しているとは言えない。

　本章では、CSR（Corporate Social Responsibility：企業の社会的責任）を手がかりとして企業の社会性について論じるとともに、企業の経済的価値と社会的価値との関係性について検討する。

Ⅱ　「企業の社会的責任」と「CSR」

　企業の社会性や社会的価値に対する関心の高まりにともない、新たな概念や組織が生まれている。その中で、後述するように、サステナビリティ情報開示に関する基準設定が進展しているのが特徴的である。

　ここでは「企業の社会的責任」と呼ばれた時代から「CSR」と呼ばれる時代への変遷とその視点の違いについて触れておきたい。

　まず、アメリカ合衆国では自動車産業（大企業）の象徴としての General Motors（GM）をめぐる消費者運動が起こった。弁護士でもあったラルフ・ネーダー（Ralph Nader）は 1965 年に出版した "Unsafe at Any Speed: The Designed-In Dangers of the American Automobile" において、自動車の安全性に対して警鐘を鳴らしたが、その後、GM に対して「公共の利益」を代表する取締役の選任、少数民族の雇用・大気汚染対策・自動車安全対策に関する情報公開等を要求する「キャンペーン GM（1969 ～ 1973）」と呼ばれる株主運動が起こったのである。この運動は GM からの積極的な対応により、やがて沈静化していった。

　CSR 反対論者として有名なのがミルトン・フリードマン（Milton Friedman）

である。シカゴ学派のフリードマンは『資本主義と自由（Capitalism and Freedom）』（1962 年）において、市場原理主義（政府の規制の撤廃）・株主価値の最大化を唱え、株主の利益を最大化することが経営者の社会的責任であると主張している。

　日本では 1960 年代後半から 1970 年代にかけて企業の社会的責任に関する議論が盛り上がった。当時の社会的責任論は、公害に代表される企業活動の負の側面（外部不経済）が顕在化したことや、1970 年代のオイルショック時に企業の買い占め、売り惜しみなどの反社会的・反倫理的行為が社会問題化したことを背景にして、企業批判的な立場から規範的に企業の責任を追求することが主流であった。その流れに沿う形で、公害問題に関して言えば、公害対策基本法（1967 年）、大気汚染防止法・騒音規制法（1968 年）、水質汚濁防止法（1970 年）、環境庁の発足（1971 年）など、いわゆる直接的規制をおこなうためのさまざまな環境保護に関係する法律が成立した。

　２度のオイルショックを経た 1980 年代には、サッチャリズムやレーガノミクスに象徴されるグローバルな規制緩和・市場システム重視への揺り戻しが起こったが、1984 年のボパール化学工場事故（当時のユニオンカーバイド社）や 1989 年のバルディーズ号原油流出事故（エクソン社）など 1990 年前後に相次いだ深刻な環境事故や地球温暖化に代表される地球環境問題は企業に環境リスクの深刻さを認識させた。1990 年代は世界的な地球環境問題の時代を迎えたが、現代でも地球環境問題は重要な CSR の柱と位置づけられ、よりグローバルな対応が求められている。また、2000 年前後からの企業不祥事や会計不正が世界的に問題となった時期とも重なり、コーポレート・ガバナンス（Corporate Governance）の視点が CSR と関連づけて議論されることもある。

　明確に区分できるものではないが、1990 年代以降の CSR の議論は後述するように、SRI（Socially Responsible Investment：社会的責任投資）や環境融資、ESG（Environment, Social, Governance）投資のように、企業の社会面ならびに環境面での企業行動や政策が企業価値向上や環境リスクの軽減、環境格付などの投資機会に結びつけられている。日本では、1998 年に日興エコファンド（日興證券）が初めて売り出された。環境融資（格付）とは環境に優しい企業（優

れた環境対策を実施している企業）への金利の優遇措置であり、日本政策投資銀行などがおこなっている。

　かつての企業の社会的責任論が倫理・義務をベースにした企業規制論的な立場で企業に対して対応を強いるものであったのに対して、1990年代以降のCSRへの取り組みは企業の自発性に委ねつつ、企業戦略の視点から社会・環境リスクなどのレピュテーション・リスクの軽減や企業価値向上に結びつける発想にもとづいているとみることができる。以上を整理したものが、表13-1である。

表 13-1　企業の社会的責任と CSR の変遷

	1960〜1970 年代	1990 年代以降
①スタンス	・公害などの企業活動のマイナス側面を強調 ・企業批判論 ・外部不経済の内部化の議論 ・倫理・義務ベース	・企業の社会的な行動のプラスの側面を強調 ・企業価値の向上・リスクの軽減 ・Win-Win 関係 ・自発性・戦略ベース
②情報開示に対する姿勢	・社会（従業員）関係が中心	・「環境報告書」から「CSR 報告書」、「Sustainability Report」、「統合報告」への展開

出所）筆者作成。

Ⅲ　CSR 概念のさらなる展開

　企業が法律によって義務づけられるレベルを超えて自発的に CSR を実践するとすれば、なによりその原動力は信念であり、経営理念や経営倫理であろう。これらにもとづかないとすれば、経済的インセンティブを働かせざるをえなくなる。そのための誘因が Win-Win 関係であり、社会・環境リスクなどのレピュテーション・リスクの軽減であり、企業価値（経済的価値）向上である。たとえば、CSR の諸施策を実施している企業ほど、あるいは CSR のパフォーマンスが良好である企業ほど、CSR を実施していない企業や CSR のパフォーマンスが良好ではない企業群に比べて、売上高や営業利益、利益率や株価などの経済的に目に見える形での成功を収めるという Win-Win 関係が確認できれば、法律によって強制されなくても、経済の論理が企業を CSR に積極的に取り組む方向に誘導する。すなわち、企業価値（経済的価値）の向上や融資の際の借入利率の優遇などで CSR が経済的効果を生むことが明らかになれば、それが

企業に対する誘発剤になる。しかしながら、必ずしもその関係が実証されているとは言えず、検証が進められている段階である。

　自発的な CSR によって社会的価値と経済的価値の同時達成が可能であるという積極的な意義を求めようとするのが、ポーターとクラマーの論文（Porter and Kramer, 2006, 2011）である。2006 年の論文は、これまでの CSR の議論を整理した後、新たに戦略的 CSR という視点を提示している。すなわち、これまでの CSR の議論は、以下の 4 つのいずれかにもとづいたものであるとしている。

- ・道徳的義務
- ・事業継続の資格
- ・持続可能性
- ・企業の評判（reputation）

　彼らは義務的で受動的なこれまでの CSR の論拠を否定し、新たに企業が関係する社会的問題を以下の 3 つに分類することから論を展開している。

① 企業が関係する一般的な社会的問題
② 購買物流、製造、出荷物流、販売・マーケティング、サービスなどのバリューチェーン（価値連鎖）に関係する社会的問題
③ 競争環境下にあって企業の競争優位に結びつく社会的問題

　ここで、企業が対応すべき CSR は②の一部と③であり、企業が CSR に戦略的に対応していく必要性を主張している。

　2011 年の論文では、戦略的 CSR 観をさらに発展させて、新たに CSV（Creating Shared Value：共有価値の創出）を主張している。ここで CSV とは、「社会のニーズや難問に取り組むことによって社会的価値を創造する方法で、経済的価値を創造するという原則」（Porter and Kramer, 2011, p.64）であり、「社会的価値を創造することによって経済的価値をも創造することは、決してフィランソロピーではなく、利己的な行為である。もしすべての企業がそれぞれにその事業に特定の CSV を追求すれば、社会全体の利益に適うことであろう」と（Porter and Kramer, 2011, p.77）は述べている。社会的問題の解決により社会的価値が実現され、同時に企業にとって経済的価値が達成されることになる。これはもはや CSR の枠を超えて、社会的問題への対応を企業戦略レベルに組み込むことを主張するものである。

　CSV は企業が社会的問題の解決に取り組むに際してステイクホルダーを取り込み、納得させる論理としては有効な概念である。あるいは、Win-Win 関係と同様に、企業に対して社会的問題への取り組みを促進するための説得の論理として機能することが期待されていると言えるかもしれない。Nestlé はいち早く CSV を導入し、直近では "Creating Shared Value and Sustainability Report 2022" と題する報告書を作成している。わが国でも、キリンホールディングス（https://www.kirinholdings.com/jp/　2023.4.7 閲覧）は「社会との価値共創」を経営理念と位置づけ、味の素グループ（https://www.ajinomoto.co.jp/　2023.4.12 閲覧）は、ASV（Ajinomoto Group Creating Shared Value）を提唱している。伊藤園（https://www.itoen.co.jp/　2023.4.12 閲覧）でも環境・社会課題の解決と企業価値向上の両立（共有価値の創造：CSV）を唱っている。

　しかしながら、「CSV によって、あらゆる社会的問題が解決されるわけではない」（Porter and Kramer, 2011, p.77）と述べられているように、CSV はすべての社会的問題を解決することを意図したものではない。極論すれば、対処することによって経済的価値の実現が見込まれる特定の社会的問題に取り組む考え方である。この発想は SDGs（Sustainable Development Goals）にも共通したものがある。その選別のための概念が、マテリアリティ（materiality）である。経済的価値の実現が見込めず、企業がビジネスとして取り組めない社会的問題の解決は企業の責務ではなく、政府の強制力を働かせて解決を図る以外にないであろう。2011 年のポーターとクラマーの論文では、CSV をめぐって社会起業家の役割の重要性、営利組織と非営利組織の境界が曖昧になる点、企業と政府と NGO との協働、イノベーションを誘発する適切な規制など、今後の企業と社会との関係を考える上で鍵となる興味深い指摘がなされている。

　反対論を含めて、CSR にはさまざまな考え方がありうるし、時代背景によって色を変えている。CSR の諸施策を実施している企業ほど経済的に目に見える形での成功を収めるという Win-Win 関係とは前提が逆であるが、中小企業と大企業の間に存在する CSR 格差を考えた場合、経済的に成功を収めている（業績のよい）企業だけが CSR に取り組む余裕があるという仮説はある意味で日常感覚に近い。これは「衣食足りて礼節を知る」型の理解であり、人間の欲求

を階層的にとらえたマズローの欲求段階説に近いものがある。社会的問題の解決により社会的価値が実現され、同時に企業にとって経済的価値が達成される CSV の発想は、倫理的利己主義にもとづく回り回って自分の利益につながる「情けは人のためならず」型の理解と言えよう。経済的価値につながろうがつながるまいが、信念として、企業理念として CSR に取り組む「武士は食わねど高楊枝」のスタンスが肝要ではないかと考えるが、如何。

Ⅳ　CSR の制度化傾向

　CSR は戦略性の方向が強調されているが、その一方で、制度的枠組みを与えられ、法規制による義務化ではないものの企業の裁量のみには委ねられない「制度化」の現象がみられる。

　ここでは、EU における個別企業の次元を超えた政策としての CSR の導入が注目される。社会的問題の解決に必要な社会的コストは政府には大きな負担となるが、民間企業の資源・人材・技術を活用することで社会的問題の解決が期待できる。すなわち、EU においては政府機能を代替するための CSR（CSV）の導入が指向されているとみることができる（藤井，2005）。そこでは法律にもとづくハード・ロー（Hard Law）ではなく、「原則として法的拘束力はもたないが、しかしながら実践的な効果を有し得る、行動に係るルール」（神作，2005，92 頁）として、企業に対して法規制と同様の効果をもつ、いわゆるソフト・ロー（Soft Law）としての CSR の理解が示されている。そのための必要なガイドラインを EU 自らが策定するのではなく、複数のガイドラインを提示するにとどめている。そこに示されているガイドラインは、① OECD 多国籍企業ガイドライン、②国連グローバル・コンパクト、③ ISO26000、④多国籍企業及び社会政策に関する原則 ILO 三者宣言、⑤ GRI ガイドラインである。

　これらのうち、ISO26000 は 2010 年 11 月に発行した SR（Social Responsibility）の国際規格である。会社組織に限定せずあらゆる組織に適用するため、C（Corporate）は付されていない。ISO9000（品質管理）や ISO14000（環境マネジメント）と同様、工業製品ではないシステム規格であ

るが、前2者と異なるのは、第三者の独立した審査認証機関による認証制度を採用していない。

　社会的責任原則として、以下の7原則があげられている。

（1）説明責任（Accountability）　　（2）透明性（Transparency）

（3）倫理的な行動（Ethical behavior）（4）ステイクホルダーの利害の尊重

（5）法の支配の尊重　　　　　　　　（6）国際行動規範の尊重

（7）人権の尊重

　また、具体的な中心課題として、以下の7項目が取り上げられている。

（1）組織統治　　　（2）人権　　　　（3）労働慣行

（4）環境　　　　　（5）公正な事業慣行　（6）消費者課題

（7）コミュニティへの参画及びコミュニティの発展

　ISO26000の基本姿勢はステイクホルダーとの間でのエンゲージメントであり、上記の社会的責任原則をみても明らかなように、SRに関する情報開示を通じた内外とのコミュニケーションが重視されている。

V　ESG 投資

　近年のCSRに対する関心が高まっている背景には、投資意思決定における財務情報の有用性の限界が叫ばれる一方で、CSRを含む非財務情報の有用性に注目が集まっていることが指摘できる。コーポレート・ガバナンスにおける機関投資家の役割が重視されているが、企業への影響という点ではCSRの面でも資本市場からのプレッシャーが最も効果を発揮しうるのかもしれない。

　1920年代のアメリカ合衆国で教会が投資運用先を決める際に、武器・兵器・アルコール・タバコ等にかかわる企業に投資しないなど倫理的・道徳的な配慮をおこなったことが起源とされるSRIは、その歴史からみても特定の性格を想起させるため、あくまでも投資手法としての「ESG投資」の用語が広がりつつある。両者の目的は共通しており、投資に際してESG要素を加味する投資手法である。言うまでもなく、ESGとはE（Environment：環境）、S（Social：社会）、G（Governance：ガバナンス）を指している。このうち、ガバナンスについて

は従来の財務情報にもかかわる企業のチェック・アンド・バランスの基本構造
であり、G があっての E であり、S でもある。
　具体的な ESG 投資の手法として、
・ネガティブ・スクリーニング（特定の業種・銘柄を除外する）
・ポジティブ・スクリーニング（ESG 評価の高い企業を選定する）
・ESG インテグレーション（既存の運用プロセスを生かしながら、ESG 要素
　の考慮を追加する）
・サステナビリティ・テーマ型投資（サステナビリティの特定のテーマに投
　資する）
・インパクト投資・コミュニティ投資（社会問題・環境問題を解決すること
　を目的として投資する）
・議決権行使
・エンゲージメント
などがあげられている。
　ESG 投資が注目されるきっかけは、2006 年にコフィー・アナン国連事務総
長（当時）が提唱し、国連環境計画金融イニシアティブ（UNEP FI）と国連グロー
バル・コンパクトが策定した以下のわずか 6 つの原則からなる国連責任投資
原則（Principle for Responsible Investment：PRI）である。
　1.　私たちは、投資分析と意思決定のプロセスに ESG の課題を組み込みます
　2.　私たちは活動的な所有者になり所有方針と所有慣習に ESG の課題を組み
　　　入れます
　3.　私たちは、投資対象の主体に対して ESG の課題について適切な開示を求
　　　めます
　4.　私たちは、資産運用業界において本原則が受け入れられ実行に移される
　　　ように働きかけを行います
　5.　私たちは、本原則を実行する際の効果を高めるために協働します
　6.　私たちは、本原則の実行に関する活動状況や進捗状況に関して報告しま
　　　す
　世界中の多くの機関投資家がこの原則に署名し、日本でも 121 社（アセッ

トオーナー 27 社、運用機関 81 社、サービスプロバイダー 13 社）が署名している（2023 年 4 月 2 日現在）。なかでも、世界最大の機関投資家とも呼ばれる年金積立金管理運用独立行政法人（GPIF）が 2015 年 9 月に、株式会社日本政策投資銀行が 2016 年 12 月に署名している。

　NPO 法人日本サステナブル投資フォーラム（JSIF）が発行している『日本サステナブル投資白書 2022』によれば、日本の機関投資家によるサステナブル投資残高の過去 3 年間の推移は、以下の通りである。

　2022 年　493 兆 5,977 億 29 百万円（運用総額に占める割合 61.9％）

　2021 年　514 兆 528 億 1 百万円（同 61.5％）

　2020 年　310 兆 392 億円 75 百万円（同 51.6％）

　運用手法ごとの投資残高は ESG インテグレーションが最も多く、続いてネガティブ・スクリーニング、エンゲージメント、議決権行使の順であり、ポジティブ・スクリーニングとインパクト投資は少ないのが現状である。

　ESG 投資の理論的根拠は ESG 要素が中長期的な企業価値の向上（将来リスクの回避を含めて）に寄与するという仮定であるが、それはいまだ残された実証課題である。また、「中長期的」は便利な用語があるが、どれくらいの期間で効果が発現するのかも明確ではない。ESG 投資はあくまでリターンを期待する投資手段であると位置づけられ、「資金の流れを変えれば世の中が変わる」あるいは「世の中を変えるために資金の流れを変える」仕組みではない。この自己矛盾を解消できるか否かが問われている。その意味でも、機関投資家の責任は重大である[1]。

　PRI の前提として機関投資家にはさらに幅広く、投資家としての責任や行動規範を明確にして中長期的な視点で企業との関係を構築していくことが期待されている[2]。　多様な内容を有する ESG 要素をいかに測定し、評価するかが鍵となる。次節では、サステナビリティ情報開示について述べたい。

Ⅵ　サステナビリティ情報の開示規制の動き

　企業の社会性に関する情報開示は 1970 年代頃から企業の自発的な試みとし

て各国でおこなわれてきた。当時は従業員に関する情報が中心であったが、日本は労働市場が内部的であったこともあり、決して活発ではなかった。日本では環境政策的な目的で、環境省（当時環境庁）が環境会計ガイドライン（『環境保全コストの把握及び公表に関するガイドライン（中間取りまとめ）』(1999年)、環境報告書ガイドライン（『環境報告書ガイドライン（2000 年度版）』(2001 年) を公表し、以降幾度も改訂されていくが、環境情報を開示する企業が増加した。その後、環境報告書は Sustainability Report（持続可能性報告書）や CSR 報告書へと拡張しながら ESG 情報として公表され始めた。

　国内的な環境会計・環境報告書ガイドライン以外にも、国際的な団体が ESG情報開示に関するガイドラインや枠組みを公表し、世界の各企業に浸透している。ディファクトスタンダードとして影響力を有しているのが、GRI ガイドラインである。GRI（Global Reporting Initiative）は Sustainability Report に関する信頼されるガイドラインを策定することを目的に 1997 年に設立された非営利組織である。2000 年に GRI ガイドライン（G1）から始まり、2002年（G2）、2006 年（G3）、2011 年（G3.1）、2013 年（G4）、2016 年（GRI Standards）、2021 年（共通スタンダードの改訂版）を公表している。GRI の特徴はトリプルボトムライン（経済・環境・社会）にもとづき、投資家を含むさまざまな利害関係者（マルチステークホルダー）の立場からの情報開示を指向している点である。

　一方で、資本市場における ESG 投資のための投資情報としてサステナビリティ情報開示の制度化の流れがひときわ強まっている。たとえば、2010 年に IIRC（International Integrated Reporting Council/Committee：国際統合報告評議会 / 委員会）が設立され、2013 年に「国際統合報告フレームワーク（International Integrated Reporting Framework）」が公表されている。そこで統合報告書は、「組織の外部環境を背景として、組織の戦略、ガバナンス、業績及び見通しが、どのように短・中・長期の価値創造を導くかについての簡潔なコミュニケーション」(IIRC, p.2) と定義されている。これは財務情報と非財務情報を統合して、企業の価値創造のストーリーを説明するものである。その対象は財務資本提供者であり、投資情報の視点が貫かれている。

また、FSB（Financial Stability Board：金融安定理事会）により設置された TCFD（Task Force on Climate-related Financial Disclosures：気候関連財務情報開示タスクフォース）の最終報告書（2017 年）が公表され、強い影響力を発揮している。環境に関する「財務」情報が国際金融システムの監督や規制の役割を担う金融安定理事会が設置した機関から要請されている点が特徴的である。この最終報告書では気候変動の「リスク」と「機会」の視点が強調され、主たる利用者として ESG 投資をおこなう機関投資家・金融機関を想定しており、次の 4 項目の開示を推奨している。

①ガバナンス（Governance）：どのような体制で検討し、それを企業経営に反映しているか

②戦略（Strategy）：短期・中期・長期にわたり、企業経営にどのように影響を与えるか。またそれについてどう考えたか

③リスク管理（Risk Management）：気候変動のリスクについて、どのように特定、評価し、またそれを低減しようとしているか

④指標と目標（Metrics and Targets）：リスクと機会の評価について、どのような指標を用いて判断し、目標への進捗度を評価しているか

アメリカ合衆国では、2011 年に SASB（Sustainability Accounting Standards Board）が中長期視点の投資家の意思決定に貢献することを目的として設立され、2018 年には 11 セクター 77 業種について情報開示に関するスタンダードが公表されている。

その後急速に組織間の統合が進み、2021 年 6 月に IIRC と SASB が合併し、VRF（Value Reporting Foundation）が設立された。さらに IFRS 財団は 2021 年 11 月に傘下に IFRS 設定に携わる IASB（国際会計基準審議会）と並立して ISSB（International Sustainability Standards Board：国際サステナビリティ基準審議会）を設立し、サステナビリティ情報に関する基準化に本格的に乗り出した [3]。2022 年 3 月に ESG 情報の国際的な開示基準の二つの公開草案を公表し、2022 年 6 月には VRF と CDSB（Climate Disclosure Standards Board：気候変動開示基準委員会）を IFRS 財団に統合した。日本でも、2022 年 1 月に SSBJ（Sustainability Standards Board of Japan）設立準備委員会が立ち上がり、

2022 年 7 月に SSBJ（サステナビリティ基準委員会）が設立された。今後は日本でも「国際的な整合性」を担保しつつ、日本の実情に適した「高品質な基準」が設定されることが期待されている。

　TCFD の枠組みにもとづく気候関連財務情報開示の次は、人的資本に関する情報開示が焦点になると言われている。ISO30414 は 2018 年に公表された人的資本情報開示の国際規格であり、認証取得する企業が増えつつある。また、2023 年 3 月期からわが国の有価証券報告書に人的資本に関する情報開示が義務づけられ、（1）女性管理職比率、（2）男性の育児休業取得率、（3）男女間賃金格差の 3 項目が記載される。今後、記載内容は拡張されていく方針である。

　人的資本の情報のひとつとして、障がい者雇用を指摘しておきたい。障害者雇用促進法は、障がい者の職業生活における自立を進めることを目的として昭和 35 年に成立し（当時は身体障害者雇用促進法）、令和 5 年現在、民間企業（43.5人以上規模の企業）には全従業員の 2.3%、国・地方公共団体・特殊法人等には 2.6%、都道府県等の教育委員会には 2.5% の障がい者を雇用する義務を課している。

　各企業は毎年 6 月 1 日現在の雇用状況を厚生労働省に報告する義務があり、その集計結果が公表されている。厚生労働省が公表するところによれば、令和4 年現在、民間企業での実雇用率は 2.25% で、前年比で 0.05 ポイント上昇し、法定雇用率を達成している企業の割合は 48.3%（前年は 47.0%）で、前年比で 1.3 ポイント上昇している。しかしながら、逆に考えると、民間企業の半数以上は法定雇用率を未達成だということがわかる。企業規模別にその詳細をみてみると、法定雇用率達成企業の割合は、1,000 人以上の企業が 62.1% と最も高く、300 ～ 500 人未満が 43.9% と最も低い。

　障がい者雇用に関して厚生労働省から集計結果は公表されるが、個々の企業での達成状況は開示されず、不明のままである。人的資本に関する情報の一環として障がい者雇用の状況が明らかになることは、社会的な意義がある。

Ⅶ おわりに

　この章では、経済的価値を追求する企業の社会性について CSR 概念を手がかりとして論じてきた。トリプルボトムラインの発想からも読み取れるように、現代企業は経済的価値のみならず、社会的価値とのバランスを確保していくことが要請されている。

　しかしながら、経済的価値と社会的価値の関係は、必ずしも明らかではない。そもそも社会的価値は抽象的な概念であり、測定できるのかという課題もある。経済的価値を追求する組織にとって、社会的価値をどう位置づけるかは明確ではなく、CSV は最も経営戦略寄りの理解である。

　企業の ESG やサステナビリティ情報開示は今後ますます充実していくことが予想される。このような情報が資本市場における投資判断のための情報のみでなく、労働市場や製品市場での情報として、企業存続や社会における存在としての信頼性や正当性を確保する情報として利用されることが求められる。

注

1）この自己矛盾に関連した動きとして、アメリカ合衆国の年金基金運用に際して ESG 要素を考慮することができる労働省の規則を承認しない決議案が上下院で可決され（『日本経済新聞』2023 年 3 月 3 日）、その後バイデン大統領は決議案について拒否権を行使した。

2）2014 年 2 月にはイギリスのスチュワードシップ・コード（2012 年 9 月）を範とした日本版スチュワードシップ・コード（2020 年 3 月改訂）が公表されている。

　1．機関投資家は、スチュワードシップ責任を果たすための明確な方針を策定し、これを公表すべきである。

　2．機関投資家は、スチュワードシップ責任を果たす上で管理すべき利益相反について、明確な方針を策定し、これを公表すべきである。

　3．機関投資家は、投資先企業の持続的成長に向けてスチュワードシップ責任を適切に果たすため、当該企業の状況を的確に把握すべきである。

　4．機関投資家は、投資先企業との建設的な「目的を持った対話」を通じて、投資先企

業と認識の共有を図るとともに、問題の改善に努めるべきである。

5．機関投資家は、議決権の行使と行使結果の公表について明確な方針を持つとともに、議決権行使の方針については、単に形式的な判断基準にとどまるのではなく、投資先企業の持続的成長に資するものとなるよう工夫すべきである。

6．機関投資家は、議決権の行使も含め、スチュワードシップ責任をどのように果たしているのかについて、原則として、顧客・受益者に対して定期的に報告を行うべきである。

7．機関投資家は、投資先企業の持続的成長に資するよう、投資先企業やその事業環境等に関する深い理解のほか運用戦略に応じたサステナビリティの考慮に基づき、当該企業との対話やスチュワードシップ活動に伴う判断を適切に行うための実力を備えるべきである。

8．機関投資家向けサービス提供者は、機関投資家がスチュワードシップ責任を果たすに当たり、適切にサービスを提供し、インベストメント・チェーン全体の機能向上に資するものとなるよう努めるべきである。

3）ISSB 初代議長にはフランスのダノン社の前 CEO であった Emmanuel Faber 氏が選任された（『日本経済新聞』2021 年 12 月 24 日）。ダノン社は ESG 評価は非常に高かったが、収益性指標では見劣りするという理由から 2021 年 3 月に CEO を解任されている（同 2021 年 5 月 18 日）。

引用文献

IIRC（2013）The International <IR> Framework, IIRC.

Porter,M.E. and Kramer, M.R.（2006）" Strategy and Society,"Harvard Business Review, December, pp.78-92

Porter,M.E. and Kramer, M.R. (2011)"Creating Shared Value," Harvard Business Review, January-February, 63-77.

ミルトン・フリードマン（村井章子訳）（2008）『資本主義と自由（1962）』日経 BP 社

神作裕之（2005）「企業の社会的責任：そのソフト・ロー化？　EU の現状」『ソフトロー研究』第 2 号，91-112 頁。

藤井敏彦（2005）『ヨーロッパの CSR と日本の CSR』日科技連出版社。

NPO法人日本サステナブル投資フォーラム（JSIF）（2023）『日本サステナブル投資白書 2022』。

向山敦夫（2002）「地球環境問題と環境会計」（大阪市立大学商学部編『ビジネス・エッ センシャルズ⑦会計』（第14章）255-269頁）。

向山敦夫（2012）「CSRの戦略的理解と社会環境情報開示　－経済的価値と社会的価値の バランス－」『会計』第182巻第3号，31-45頁。

向山敦夫（2013）「CSR経営とディスクロージャー」（國部克彦編著『社会環境情報ディ スクロージャーの展開』中央経済社）177-198頁。

向山敦夫（2015）「統合報告とCSR情報開示との位置関係」『會計』第187巻第1号， 83-96頁。

向山敦夫（2017）「CSR再考：CSRはカメレオン？」『国際学研究』第6巻第2号，47-56頁。

「ESG光と影①利益より理念 市場と相克」『日本経済新聞』2021年5月18日。

「ESG基準『気候の次』策定」『日本経済新聞』2021年12月24日。

「米年金『ESG考慮禁止』」『日本経済新聞』2023年3月3日。

https://www.ajinomoto.co.jp/（2023.4.12最終アクセス）

https://www.itoen.co.jp/（2023.4.12最終アクセス）

https://www.kirinholdings.com/jp/（2023.4.7最終アクセス）

詳しく知るための文献

阪智香（2023）「サステナビリティ開示」『會計』第203巻第1号, 92-106頁。

古庄修（2018）『国際統合報告論－市場の変化・制度の形成・企業の対応－』同文舘出版。

索　引

英語タイトル

Title: Introduction to Public Management

Contents

Introduction

Public Management and the School of Business

Tetsuo HONDA

Part 1 Development of City and Region, and Community-building

1 Urban Development and Public Utilities

Akifumi NAKASE

2 Environmental Pollution and Regional Endogenous Development: Initiatives in Mizushima

District, Kurashiki City, Okayama Prefecture

Masafumi YOKEMOTO

3 New Design of Community Development

Keiko MATSUNAGA

Part 2 Change of Industrial Location and Region

4 Industrial Location and Public Management

Yotaro SUZUKI

5 Urban Revitalisation of Inner City: The Case of East London

Yoshihiro FUJITSUKA

6 Seeking a New Picture of Local Economies

Junya TATEMI

編集後記

　本書の表題の公共経営序論は、大阪公立大学商学部公共経営学科の公共経営序論という科目の名称でもあり、本書は当科目の担当者13名が執筆した。商学部では2年の夏に所属する学科を決めることになっており、公共経営学科とはどのようなところなのか、2年生を主な対象とした当科目がその情報を提供している。本書は、公共経営学科について体系的に示すものとして作成された。

　本書は、各章の執筆者からの原稿を藤塚がDTPソフトウエアを用いて割り付け、鈴木と本多がレイアウトや用字用語の統一などの原稿の細部を確認し、公共経営序論の担当者全員で作り上げたものである。公共経営学科に関わる教員の専門分野は、商学、経営学、会計学、経済学、地理学など多岐にわたっており、本書の執筆及び編集作業の過程で執筆者は相互に未知なる領域に出合い、大きな刺激を受けた。本書のような異なるテーマについて、自由に表現できる雰囲気のあることは、商学部そして公共経営学科の大いなる財産である。

　本書は公共経営序論の受講生だけでなく、公共経営に興味・関心を抱いている学生諸氏、また、大阪公立大学商学部公共経営学科に進学を考えている高校生、地域の企業や公共経営に係る政策を立案する担当者の方々にも手に取って頂きたいと願っている。本書が読者にとって、大阪公立大学商学部公共経営学科及び公共経営を詳しく知る一助となれば幸いである。

　商学部からは、本書の出版に際して助成を受けた。ここにお礼申し上げる。

　2023年7月18日

編者のひとりとして

藤塚　吉浩

書　　　名	公共経営序論	
発 行 日	2023 年 12 月 8 日　第 1 刷発行	
編　　　者	大阪公立大学商学部公共経営学科	
印刷・発行	株式会社あるむ	
	名古屋市中区千代田 3-1-12　第三記念橋ビル 3F	
	TEL：052-332-0861　FAX：052-332-0862	
	http://www.arm-p.co.jp/	

ISBN978-4-86333-202-7 C3034
Printed in Japan